文化自信，从阅读开始

“百部好书”扶持项目
GUANGDONG PUBLISHING

文化自信与中国现当代文学·中学生读本

长风破浪会有时

戚立强 黄红丽◎主编

青少年
品质阅读精选
语言·思维
审美·文化

广东高等教育出版社
Guangdong Higher Education Press
·广州·

图书在版编目（CIP）数据

长风破浪会有时/咸立强，黄红丽主编.—广州：广东高等教育出版社，2020.5

（文化自信与中国现当代文学：中学生读本/蒋述卓，陈剑晖，贺仲明主编）

ISBN 978 - 7 - 5361 - 6482 - 6

Ⅰ.①长… Ⅱ.①咸… ②黄… Ⅲ.①阅读课 - 中学 - 课外读物 Ⅳ.①G634.333

中国版本图书馆 CIP 数据核字（2019）第 098295 号

书　　名　长风破浪会有时
　　　　　CHANGFENG POLANG HUI YOUSHI
出版发行　广东高等教育出版社
　　　　　地址：广州市天河区林和西横路　电话：（020）87554153
　　　　　http://www.gdgjs.com.cn
印　　刷　佛山市浩文彩色印刷有限公司
开　　本　787 毫米×1 092 毫米　16 开
印　　张　13.5
字　　数　232 千
版　　次　2020 年 5 月第 1 版　2020 年 5 月第 1 次印刷
定　　价　36.00 元

写在前面

作为一个编辑，我经常感叹文学的世界浩瀚如大海，书太多，而时间太少。作为一个母亲，我又经常困惑这么多书，该怎么选，读哪些书，才能让孩子在繁重课业之外挤出的阅读时间，读得有品质；怎么读，才能对他的阅读和写作能力提升有所帮助。同时我还非常苦恼，如何与处于叛逆期的孩子对话，建立沟通。众所周知，中学阶段是人的人生观、世界观、价值观以及思维方式、创造能力和审美能力形成的关键时期，而这些能力却绝非朝夕可成。很多家长即使意识到其重要性，但多半也不知从何入手，如何引导。

基于以上，我们尝试从中华文化精神的角度来做一套适合这一年龄段孩子阅读的书。

怎么选？我们遵循“循序渐进”、由浅到深、从近到远的原则。按照情感发展规律，即个人—家庭—国家（民族）—世界的思路精选12个专题。先侧重从中学生的日常生活、身边事物、自信自尊自强、诚实守信，以及文化人格塑造，如何对待爱情友谊，如何增强忧患意识，将个人的“小家”与国家的“大家”统一起来等方面着手。后由“小”到“大”，由“内”及“外”，由“近”及“远”，从个人、自我、家庭延伸到信仰、理想主义与英雄主义、天人合一、人类共同价值观，以及汉语文化、逻辑思维和创造性思维等。

我们首创“学术主编+教学主编”的编写模式，由知名高校学术主编与中学一线教研员、中学语文名师组成的教学主编，以现当代作家名作名篇为基础，围绕自尊自信自强、亲情与爱情等12个专题选择篇目，并以“中华文化精神”贯穿之，精挑细选，匠心打造，体裁涵盖散文、小说、杂文、诗歌、报告文学等文学样式。同时以入选的各篇目的通用版本为底本，撰写导读和作品赏读。编者悉心解读，所撰写的细腻、隽永的文字，引领我们步进文学的殿堂，领略文学之美，值得珍藏。

阅读是一种力量，在这里有300多位中国现当代名家，跨越时空，通过文学的形式，与我们的孩子对话，以想象性、形象性和情感性的文学作品深入孩子内心，通过共鸣，因感受而唤醒孩子自身的精神诉求，进而有意识地构建精神家园。这些作品一旦进入孩子的生命，就会成为其情感和审美结构的一部分，并在最深的意义上构成“自我”。在这纷扰的世界上，孩子无论是认识世界还是面对人生，都能保持正确的世界观、价值观、人生观，以及看问题的大局观。

同时我们特地邀请了各地几十所学校广播站的同学朗读选文作品。不一定是字正腔圆的专业朗读，但这些有感情、有温度的同龄人的声音一定能打动内心，扫码即可用耳朵“悦”读。

在编辑过程中，我们针对青少年的阅读心理和阅读习惯，按照现代出版规范对选文进行了处理，对部分选文做了删减。

在此还要向各选文的作者致以诚挚的敬意，是他们用自己伟大的思想和精湛的文字，为青少年一代提供了思想的源泉和振翅的境界。我们已委托中国文字著作权协会代理稿酬事宜，一并致谢。

希望这套书能够让我们的孩子从繁重的课业和纷杂的电子游戏中走出来，在文学的港湾憩息，感受到文学的力量并得到丰厚的滋养，从中获得面对未知的好奇、追逐梦想的激情、拥抱生活的热情、直面坎坷的勇气和击败困难的力量。

目录

成功离不开自信

唯自强方能立世

知行合一筑新梦

我思我在 我成长

导读

笛卡尔说："我思故我在。"人是富有智慧的动物，善于思维，居万物之灵长，与天、地并列而为"三才"。天地万物，只有人拥有作为主体的"我"的意识。

天地万物，不依赖于人的思维存在，却因人而显。世间种种造物，唯有人执着地探求生存的秘密与活着的价值。《大学》开篇讲的是明明德，《中庸》的核心要求是能明心见性，人若要实现这些理想，就离不开格物致知。格物致知，就是中国古代的格物学。晚清以来，国门大开，受西方思想的影响，格物学这个名词被用来称呼包括现代化学、物理、生物等诸种学科。人的发展，不能唯心，亦不能唯物，理想的境界应该是在格物致知中达到天人合一之境。当今社会，自然科学与人文科学的发展越来越迅速，学科的分化也越来越明显。现代科技的迅猛发展，在推动人类社会急速发展的同时，也隐藏着诸多隐患。能够毁灭地球无数次的核武器、各种转基因食品，以及人的工具化异化，等等，都是新时代需要面对和解决的新问题。困扰现代社会发展的主要症结之一，便是一味追求外在的物质技术的发展而轻视人文精神的追求，见物不见人，偏重于格物却忽略了致良知。

人为万物之灵长，能思考，却也有难以摆脱的局限性。米兰·昆德拉说："人类一思考，上帝就发笑。"宋代青山惟政禅师说："老僧三十年前，未参禅时，见山是山，见水是水。乃至后来，亲见知识，有个入处，见山不是山，见水不是水。而今得个休歇处，见山只是山，见水只是水。"禅师的话道出的不仅仅是修身的三个境界，也是认识自然万物的一般逻辑顺序。无论是天地自然，还是自我，真正的认知都是一个漫长而艰难的过程，一个否定之否定的过程。在这个过程中，自然免不了会有失误，甚或可能走上歧途，上帝若要因此而笑，也只能随他去笑，人却还是要在实践过程中不断地校正自己前进的方向，以期能止于至善。

宋代大文豪苏轼非常喜欢谈佛论道，和禅师佛印关系很好。有一天他登门拜访佛印，问佛印说："你看我是什么。"佛印说："我看你是一尊佛。"苏轼闻之飘飘然，佛印又问苏轼："你看我是什么?"苏轼想为难一下佛印，就说："我看你是一坨屎。"佛印听后默然不语。苏轼回家后得意地向苏小妹炫耀此事，苏小妹听后摇头说："哥哥你的境界太低，佛印心中有佛，看万物都是佛。你心中有屎，所以看别人也就都是一坨屎。"能写出《水调歌头·明月几时有》等诗词，苏轼的人生境界自然不同凡俗，不会真如故事中苏小妹所说的"境界太低"。但无论如何，这故事的寓意值得深思，所谓文如其人、言为心声，又曰相由心生，人生境界的不同，直接影响和制约着人对社会人生等诸多问题的看法。受遗传、环境等诸多客观因素及个人主观努力情况等的影响，每个人对自然、社会和人生等的认识都不相同，人生境界必然有高低的差异。人生境界有差异，人生境界可改变，承认上述这两点，积极的人生就应该努力于陶冶性情，提高自己的人生境界。王国维说过，有境界自成高格。只有站得高才能看得远，唯有心怀锦绣才能口吐华章，让思想插上飞翔的翅膀，自由地翱翔于天地之间。

本单元所选五篇文章，从不同角度思考着人生。朱光潜的《慢慢走，欣赏啊！——人生的艺术化》提出了生活审美化的问题，人要懂得品味生活，欣赏过程的美。沈从文的《烛虚·五》谈到了人认识自我需要一个过程，翻阅生活这本大书时不能过于快速。王兆胜的《高山积雪》记叙了雪水奔流过程中的所见所闻及内心世界的变化，其中寄寓了成长的主题。张晓风的《常常，我想起那座山》(节选) 描写自己在拉拉山和神木前的人生感悟，拈出如何在大地上书写"属于我们的历史"这个话题。冯友兰的《人生的意义及人生中的境界》为人生境界划分了四个层次，提出人应该有所追求，天地自然境界那样的高层次境界，普通人即便是身不能至，心亦应有所向往焉。

作品

“慢慢走，欣赏啊！”[①]

——人生的艺术化

朱光潜

一直到现在，我们都是讨论艺术的创造与欣赏。在收尾这一节中，我提议约略说明艺术和人生的关系。

我在开章明义时就着重美感态度和实用态度的分别，以及艺术和实际人生之中所应有的距离，如果话说到这里为止，你也许误解我把艺术和人生看成漠不相关的两件事。我的意思并不如此。

人生是多方面而却相互和谐的整体，把它分析开来看，我们说某部分是实用的活动，某部分是科学的活动，某部分是美感的活动，为正名析理起见，原应有此分别；但是我们不要忘记，完满的人生见于这三种活动的平均发展，它们虽是可分别的而却不是互相冲突的。“实际人生”比整个人生的意义较为窄狭。一般人的错误在把它们认为相等，以为艺术对于“实际人生”既是隔着一层，它在整个人生中也就没有什么价值。有

① 选自《朱光潜全集》（安徽教育出版社 1996 年版）。朱光潜（1897—1986），中国美学家。字孟实，安徽桐城人。著有《文艺心理学》《谈美》《给青年的十二封信》等。

些人为维护艺术的地位，又想把它硬纳到“实际人生”的小范围里去。这般人不但是误解艺术，而且也没有认识人生。我们把实际生活看作整个人生之中的一片段，所以在肯定艺术与实际人生的距离时，并非肯定艺术与整个人生的隔阂。严格地说，离开人生便无所谓艺术，因为艺术是情趣的表现，而情趣的根源就在人生；反之，离开艺术也便无所谓人生，因为凡是创造和欣赏都是艺术的活动，无创造、无欣赏的人生是一个自相矛盾的名词。

人生本来就是一种较广义的艺术。每个人的生命史就是他自己的作品。这种作品可以是艺术的，也可以不是艺术的，正犹如同是一种顽石，这个人能把它雕成一座伟大的雕像，而另一个人却不能使它“成器”，分别全在性分与修养。知道生活的人就是艺术家，他的生活就是艺术作品。

过一世生活好比做一篇文章。完美的生活都有上品文章所应有的美点。

第一，一篇好文章一定是一个完整的有机体，其中全体与部分都息息相关，不能稍有移动或增减。一字一句之中都可以见出全篇精神的贯注。比如陶渊明的《饮酒》诗本来是“采菊东篱下，悠然见南山”，后人把“见”字误印为“望”字，原文的自然与物相遇相得的神情便完全丧失。这种艺术的完整性在生活中叫做“人格”。凡是完美的生活都是人格的表现。大而进退取与，小而声音笑貌，都没有一件和全人格相冲突。不肯为五斗米折腰向乡里小儿，是陶渊明的生命史中所应有的一段文章，如果他错过这一个小节，便失其为陶渊明。下狱不肯脱逃，临刑时还叮咛嘱咐还邻人一只鸡的债，是苏格拉底的生命史中所应有的一段文章，否则他便失其为苏格拉底。这种生命史才可以使人把它当作一幅图画去惊赞，它就是一种艺术的杰作。

其次，“修辞立其诚”是文章的要诀，一首诗或是一篇美文一定是至性深情的流露，存于中然后行于外，不容有丝毫假借。情趣本来是物我交感共鸣的结果。景物变动不居，情趣亦自生生不息。我有我的个性，物也有物的个性，这种个性又随时地变迁而生长发展。每人在某一时会所见到的景物，和每种景物在某一时会所引起的情趣，都有它的特殊性，断不容与另一人在另一时会所见到的景物，和另一景物在另一时会所引起的情趣完全相同。毫厘之差，微妙所在。在这种生生不息的情趣中我们可以见出生命的造化。把这种生命流露于语言文字，就是好文章；把它流露于言行风采，就是美满的生命史。

文章忌俗滥，生活也忌俗滥。俗滥就是自己没有本色而蹈袭别人的成规旧矩。西施患心病，常捧心颦眉，这是自然的流露，所以愈增其美。东施没有心病，强学捧心颦眉的姿态，只能引人嫌恶。在西施是创作，在东施便是滥调。滥调起于生命的干枯，也就是虚伪的表现。“虚伪的表现”就是“丑”，克罗齐已经说过。“风行水上，自然成纹”，文章的妙处如此，生活的妙处也是如此。在什么地位，是怎样的人，感到怎样情趣，便现出怎样言行风采，叫人一见就觉其谐和完整，这才是艺术的生活。

俗语说得好：“惟大英雄能本色”，所谓艺术的生活就是本色的生活。世间有两种人的生活最不艺术，一种是俗人，一种是伪君子。“俗人”根本就缺乏本色，“伪君子”则竭力遮盖本色。朱晦庵有一首诗说：“半亩方塘一鉴开，天光云影共徘徊，问渠那得清如许？为有源头活水来。”艺术的生活就是有“源头活水”的生活。俗人迷于名利，与世浮沉，心里没有“天光云影”，就因为没有源头活水。他们的大病是生命的干枯。“伪君子”则于这种“俗人”的资格之上，又加上“沐猴而冠”的伎俩。他们的特点不仅见于道德上的虚伪，一言一笑、一举一动，都叫人起不美之感。谁知道风流名士的架子之中掩藏了几多行尸走肉？无论是“俗人”或是“伪君子”，他们都是生活中的“苟且者”，都缺乏艺术家在创造时所应有的良心。象柏格森所说的，他们都是“生命的机械化”，只能作喜剧中的角色。生活落到喜剧里去的人大半都是不艺术的。

艺术的创造之中都必寓有欣赏，生活也是如此。一般人对于一种言行常欢喜说它“好看”、“不好看”，这已有几分是拿艺术欣赏的标准去估量它。但是一般人大半不能彻底，不能拿一言一笑、一举一动纳在全部生命史里去看，他们的“人格”观念太淡薄，所谓“好看”、“不好看”往往只是“敷衍面子”。善于生活者则彻底认真，不让一尘一芥妨碍整个生命的和谐。一般人常以为艺术家是一班最随便的人，其实在艺术范围之内，艺术家是最严肃不过的。在锻炼作品时常呕心呕肝，一笔一划也不肯苟且。王荆公作“春风又绿江南岸”一句诗时，原来“绿”字是“到”字，后来由“到”字改为“过”字，由“过”字改为“入”字，由“入”字改为“满”字，改了十几次之后才定为“绿”字。即此一端可以想见艺术家的严肃了。善于生活者对于生活也是这样认真。曾子临死时记得床上的席子是季路的，一定叫门人把它换过才瞑目。吴季札心里已经暗许赠剑给徐君，没有实行徐君就已死去，他很郑重地把剑挂在徐君墓旁树上，以见“中心契合死生不渝”的风谊。象这一类的言行看来虽似小节，而善于生活者却不肯轻易放过，正犹如诗人不肯轻易放过一字一句一样。小节如此，大节更不消说。董狐宁愿断头不肯掩盖史实，夷齐饿死不愿降周，这种风度是道德的也是艺术的。我们主张人生的艺术化，就是主张对于人生的严肃主义。

艺术家估定事物的价值，全以它能否纳入和谐的整体为标准，往往出于一般人意料之外。他能看重一般人所看轻的，也能看轻一般人所看重的。在看重一件事物时，他知道执着；在看轻一件事物时，他也知道摆脱。艺术的能事不仅见于知所取，尤其见于知所舍。苏东坡论文，谓如水行山谷中，行于其所不得不行，止于其所不得不止。这就是取舍恰到好处，艺术化的人生也是如此。善于生活者对于世间的一切，也拿艺术的口胃去评判它，合于艺术口胃者毫毛可以变成泰山，不合于艺术口胃者泰山也可以变成毫毛。他不但能认真，而且能摆脱。在认真时见出他的严肃，在摆脱时见出他的豁达。孟敏堕甑，不顾而去，郭林宗见到以为奇怪。他说："甑已碎，顾之何益？"哲学家斯宾诺莎宁愿靠磨镜过活，不愿当大学教授，怕妨碍他的自由。王徽之居山阴，有一天夜雪初霁，月色清朗，忽然想起他的朋友戴逵，便乘小舟到剡溪去访他，刚到门口便把船划回去。他说："乘兴而来，兴尽而返。"这几件事彼此相差很远，却都可以见出艺术家的豁达。伟大的人生和伟大的艺术都要同时并有严肃与豁达之胜。晋代清流大半只知道豁达而不知道严肃，宋朝理学又大半只知道严肃而不知道豁达。陶渊明和杜子美庶几算得恰到好处。

一篇生命史就是一种作品，从伦理的观点看，它有善恶的分别，从艺术的观点看，它有美丑的分别。善恶与美丑的关系究竟如何呢？

就狭义说，伦理的价值是实用的，美感的价值是超实用的；伦理的活动都是有所为而为，美感的活动则是无所为而为。比如仁义忠信等等都是善，问它们何以为善，我们不能不着眼到人群的幸福。美之所以为美，则全在美的形象本身，不在它对于人群的效用（这并不是说它对于人群没有效用）。假如世界上只有一个人，他就不可能有道德的活动，因为有父子才有孝慈可言，有朋友才有信义可言。但是这个想象的孤零零的人还可以有艺术的活动，他还可以欣赏他所居的世界，他还可以创造作品。善有所赖而美无所赖，善的价值是"外在的"，美的价值是"内在的"。

不过这种分别究竟是狭义的。就广义说，善就是一种美，恶就是一种丑。因为伦理的活动也可以引起美感上的欣赏与嫌恶。希腊大哲学家柏拉图和亚理斯多德讨论伦理问题时都以为善有等级，一般的善虽只有外在的价值，而“至高的善”则有内在的价值。这所谓“至高的善”究竟是什么呢？柏拉图和亚理斯多德本来是一走理想主义的极端，一走经验主义的极端，但是对于这个问题，意见却一致。他们都以为“至高的善”在“无所为而为的玩索”（disinterested contemplation）。这种见解在西方哲学思潮上影响极大，斯宾诺莎、黑格尔、叔本华的学说都可以参证。从此可知西方哲人心目中的“至高的善”还是一种美，最高的伦理的活动还是一种艺术的活动了。

“无所为而为的玩索”何以看成“至高的善”呢？这个问题涉及西方哲人对于神的观念。从耶稣教盛行之后，神才是一个大慈大悲的道德家。在希腊哲人以及近代莱布尼兹、尼采、叔本华诸人的心目中，神却是一个大艺术家，他创造这个宇宙出来，全是为着自己要创造，要欣赏。其实这种见解也并不减低神的身分。耶稣教的神只是一班穷叫花子中的一个肯施舍的财主老，而一般哲人心中的神，则是以宇宙为乐曲而要在这种乐曲之中见出和谐的音乐家。这两种观念究竟是哪一个伟大呢？在西方哲人想，神只是一片精灵，他的活动绝对自由而不受限制，至于人则为肉体的需要所限制而不能绝对自由。人愈能脱肉体需求的限制而作自由活动，则离神亦愈近。“无所为而为的玩索”是唯一的自由活动，所以成为最上的理想。

这番话似乎有些玄渺，在这里本来不应说及。不过无论你相信不相信，有许多思想却值得当作一个意象悬在心眼前来玩味玩味。我自己在闲暇时也欢喜看看哲学书籍。老实说，我对于许多哲学家的话都很怀疑，但是我觉得他们有趣。我以为穷到究竟，一切哲学系统也都只能当作艺术作品去看。哲学和科学穷到极境，都是要满足求知的欲望。每个哲学家和科学家对于他自己所见到的一点真理（无论它究竟是不是真理）都觉得有趣味，都用一股热忱去欣赏它。真理在离开实用而成为情趣中心时就已经是美感的对象了。“地球绕日运行”，“勾方加股方等于弦方”一类的科学事实，和《密罗斯爱神》或《第九交响曲》一样可以摄魂震魄。科学家去寻求这一类的事实，穷到究竟，也正因为它们可以摄魂震魄。所以科学的活动也还是一种艺术的活动，不但善与美是一体，真与美也并没有隔阂。

艺术是情趣的活动，艺术的生活也就是情趣丰富的生活。人可以分为两种，一种是情趣丰富的，对于许多事物都觉得有趣味，而且到处寻求享受这种趣味。一种是情趣干枯的，对于许多事物都觉得没有趣味，也不去寻求趣味，只终日拼命和蝇蛆在一块争温饱。后者是俗人，前者就是艺术家。情趣愈丰富，生活也愈美满，所谓人生的艺术化就是人生的情趣化。

“觉得有趣味”就是欣赏。你是否知道生活，就看你对于许多事物能否欣赏。欣赏也就是“无所为而为的玩索”。在欣赏时人和神仙一样自由，一样有福。

阿尔卑斯山谷中有一条大汽车路，两旁景物极美，路上插着一个标语牌劝告游人说：“慢慢走，欣赏啊！”许多人在这车如流水马如龙的世界过活，恰如在阿尔卑斯山谷中乘汽车兜风，匆匆忙忙地急驰而过，无暇一回首流连风景，于是这丰富华丽的世界便成为一个了无生趣的囚牢。这是一件多么可惋惜的事啊！

朋友，在告别之前，我采用阿尔卑斯山路上的标语，在中国人告别习用语之下加上三个字奉赠：

“慢慢走，欣赏啊！”

光　潜

1932 年夏，莱茵河畔。

赏读

艺术与人生，两者之间究竟有着怎样的关系？古今中外的艺术家们各有不同的看法，有的主张为人生的艺术，有的主张为艺术而艺术，还有的主张人生的艺术化，等等。每种观念的产生，都有其具体的社会历史背景，自有其合理性，对于信奉新人文主义思想的朱光潜来说，他秉持的观点是“人生的艺术化”。

《“慢慢走，欣赏啊！”——人生的艺术化》选自朱光潜的《谈美》。《谈美》创作于 1932 年，由《“慢慢走，欣赏啊！”——人生的艺术化》等 15 篇文章组成，被视为继《给青年的十二封信》后写的“第十三封信”。《“慢慢走，欣赏啊！”——人生的艺术化》主要谈了两个方面的内容：首先，是“人生的艺术化”；其次，是慢慢走的欣赏态度。

“人生的艺术化”是朱光潜提出的最重要的美学理论。朱自清在《〈谈美〉序》中说：“他分人生为广狭两义：艺术虽与‘实际人生’有距离，与‘整个人生’却并无隔阂；‘因为艺术是情趣的表现，而情趣的根源就在人生。反之，离开艺术也便无所谓人生；因为凡是创造和欣赏都是艺术的活动'。他说：'生活上的艺术家不但能认真而且能摆脱。在认真时见出他的严肃，在摆脱时见出他的豁达。'又引西方哲人之说：'至高的善在无所为而为的玩索'，以为这'还是一种美'。又说：'一切哲学系统也都只能当作艺术作品去看。'又说：'真理在离开实用而成为情趣中心时，就已经是美感的对象……所以科学的活动也还是一种艺术的活动。'这样真善美便成了三位一体了。孟实先生引读者由艺术走入人生，又将人生纳入艺术之中。这种'宏远的眼界和豁达的胸襟'，值得学者深思。"朱自清的这段评述，对朱光潜"人生艺术化"的精神内涵、表现特点及理论意义，都做了精要的概括。

"慢慢走，欣赏啊！"是朱光潜"人生艺术化"美学思想的具体实践。朱光潜通过这句话告诉青年人要学会欣赏，学会用寻找美、发现美的眼光去看待周围的事物。生活中处处存在美，生活并不缺少美，只是缺少发现美的眼睛。眼睛是心灵的窗户，眼中所见，即是心所欲见。人们的眼睛总是在寻找自己想要看到的景色，人若无心，对于美的存在就会熟视无睹，而美也就只能处于沉寂的状态，不能被发现。欣赏是一种能力，更是一种心境。同样的景色、同样的事物，因人的性情不同，审美感受也就各不相同。朱光潜说："要求人心净化，先要求人生美化。"具体地说，便是想要求得人心灵的净化，就需要先追求美的人生。人生的美化，自然也就有助于人心的净化。这样，朱光潜将世道人心的建设与美的欣赏联系起来，这也可以视为蔡元培等主张的美育代宗教思想的另一种表述。

当今的中国社会，已经进入了快速发展的阶段，人心浮躁，一切都带有迫不及待的急迫感。来不及做饭，于是以速食快餐代替；等不及孩子慢慢学习成长，强制将他们送进各种辅导班；来不及仔细阅读，于是有各种名著速读之类的书籍出现……快餐文化盛行，人们失去了悠闲地欣赏美的心境。伤仲永、揠苗助长的故事千古流传，可是现实中的许多家长和学生仍然急于求成，在应试教育的道路上狂奔，很多孩子都没有余裕时间享受成长的快乐。人们总是觉得美好的风景在前方，于是在匆匆的追逐中忽略了身边的美景，生活的功利性目的太强，结果使得心灵的发展受到束缚甚或走向了枯萎，青少年的身心健康问题越来越严重。这样培养出来的青少年，有可能成为学神学霸，也可能在各种杯赛上拿奖，但若只会做题不懂得欣赏美，成了"做题机器"或"两脚书橱"，身心不够健康，如何能成为未来社会真正的栋梁？

快节奏的现代社会发展势不可挡，在滚滚向前的时代潮流中，既要跟上时代的节奏，还要努力避免迷失自己。要知道社会的发展本是为了人生活得更美好，而不是为了社会的发展而使人走向异化。现实生活中，作为普通人，不可能事事如意，但即便是身处逆境，承受着巨大的压力，也应该为自己的心灵保留一点余裕，有能发现美欣赏美的心境。

当代青少年身上，承担着多重压力：祖国和亲人们殷切的期望，丰满的理想与“骨感”的现实之间的冲突，文化多元与价值观多元带来的迷茫，学业的压力和友情的挫折……而当心有余裕、能欣赏美时，往往就能更好地应对各种压力，解决所面临的种种难题。人不是机械，即便是机械，超过一定程度的压力也会有所损害，生命的意义不是成为考试的机器，是考试为人服务，而不是人为考试而存在。要努力成为一个有情趣、有理想的人，就需要懂得适时放慢自己的脚步，学会“欣赏”身边的美景。

作品

烛虚·五[①]

沈从文

说他人不如说自己，记人事不如记心情，试从《三星在户》杂记中摘抄若干则。作烛虚五。

书本给我的启示极多，我欢喜《新约·哥林多书》记的一段：

我认得一个在基督里的人，……我认得这人，或在身内，或在身外，我都不知道，只有神知道。他被提到乐园里，听见隐秘的言语，是人不可说的。为这人，我要夸口。但是我为自己，除了我的软弱以外，我并不夸口。

——《哥林多书》十二章四零四页

办事处小楼上隔壁住了个木匠，终日锤子凿子，敲敲打打，声音不息。可是真正吵闹到我不能构思，不能休息的，似乎还是些无形的事物，一片颜色，一闪光，在回想中盘旋的一点笑和怨，支吾与矜持，过去与未来。

① 选自《沈从文文集》（花城出版社、生活·读书·新知三联书店香港分店 1982 年版）。沈从文（1902—1988），中国作家。原名岳焕，湖南凤凰人。代表作有《边城》《长河》《湘行散记》等。

为了这一切，上帝知道我应当怎么办。

我需要清静，到一个绝对孤独环境里去消化消化生命中具体与抽象。最好去处是到个庙宇前小河旁边大石头上坐坐，这石头是被阳光和雨露漂白磨光了的。雨季来时上面长了些绿绒似的苔类。雨季一过，苔已干枯了，在一片未干枯苔上正开着小小蓝花白花，有细脚蜘蛛在旁边爬。河水从石罅间漱流，水中石子蚌壳都分分明明。石头旁长了一株大树，枝干苍青，叶已脱尽。我需要在这种地方，一个月或一天。我必须同外物完全隔绝，方能同“自己”重新接近。

黄昏时闻湖边人家竹园里有画眉鸣啭，使我感觉悲哀。因为这些声音对于我实在极熟习，又似乎完全陌生。二十年前这种声音常常把我灵魂带向高楼大厦灯火辉煌的城市里，事实上那时节我却是个小流氓，正坐在沅水支流一条小河边大石头上，面对一派清波做白日梦。如今居然已生活在二十年前的梦境里，而且感到厌倦了，我却明白了自己，始终还是个乡下人。但与乡村已离得很远很远了。

二十八年五月五日

我发现在城市中活下来的我，生命俨然只淘剩一个空壳。正如一个荒凉的原野，一切在社会上具有商业价值的知识种子，或道德意义的观念种子，都不能生根发芽。个人的努力或他人的关心，都无结果。试仔细加以注意，这原野可发现一片水塘泽地，一些瘦小芦苇，一株半枯柽柳，一个死兽的骸骨，一只干田鼠。泽地角隅尚开着一丛丛小小白花紫花（抱春花），原野中唯一的春天。生命已被“时间”“人事”剥蚀快尽了。天空中鸟也不再在这原野上飞过投个影子。生存俨然只是烦琐继续烦琐，什么都无意义。

百年后也许会有一个好事者，从我这个记载加以检举，判案似的说道：“这个人在若干年前已充分表示厌世精神。”要那么说，就尽管说好了，这于我是不相干的。

事实上我并不厌世。人生实在是一本大书，内容复杂，分量沉重，值得翻到个人所能翻看到的最后一页，而且必需慢慢的翻。我只是翻得太快，看了些不许看的事迹。我得稍稍休息，缓一口气！我过于爱有生一切。爱与死为邻，我因此常常想到死。在有生中我发现了“美”，那本身形与线即代表一种最高的德性，使人乐于受它的统治，受它的处置。人的智慧无不由此影响而来。典雅词令与华美文学，与之相比都见得黯然无光，如细碎星点在朗月照耀下同样黯然无光。它或者是一个人，一件物，一种抽象符号的结集排比，令人都只想低首表示虔敬。阿拉伯人在沙漠中用嘴唇触地，表示皈依真主，情绪和这种情形正复相同，意思是如此一来，虽不曾接近上帝真主，至少已接近上帝造物。

这种美或由上帝造物之手所产生，一片铜，一块石头，一把线，一组声音，其物虽小，可以见世界之大，并见世界之全。或即“造物”，最直接最简便那个“人”。流星闪电刹那即逝，即从此显示一种美丽的圣境，人亦相同。一微笑，一皱眉，无不同样可以显出那种圣境。一个人的手足眉发在此一闪即逝缥缈的印象中，即无不可以见出造物者之手艺无比精巧。凡知道用各种感觉捕捉住这种美丽神奇光影的，此光影在生命中即终生不灭。但丁、歌德、曹植、李煜，便是将这种光影用文字组成形式，保留的比较完整的几个人。这些人写成的作品虽各不相同，所得启示必中外古今如一，即一刹那间被美丽所照耀，所征服，所教育是也。

“如中毒，如受电，当之者必喑哑萎悴，动弹不得，失其所信所守。”美之所以为美，恰恰如此。

我好单独，或许正希望从单独中接近印象里未消失那一点美。温习过去，即依然能令人神智清明，灵魂放光，恢复情感中业已失去甚久之哀乐弹性。

五月十日

宇宙实在是个极复杂的东西，大如太空列宿，小至蚍蜉蝼蚁，一切分裂与分解，一切繁殖与死亡，一切活动与变易，俨然都各有秩序，照固定计划向一个目的进行。然而这种目的，却尚在活人思索观念边际以外，难于说明。人心复杂，似有过之无不及。然而目的却显然明白，即求生命永生。永生意义，或为生命分裂而成子嗣延续，或凭不同材料产生文学艺术。也有人仅仅从抽象产生一种境界，在这种境界中陶醉，于是得到永生快乐的。

我不懂音乐，倒常常想用音乐表现这种境界。正因为这种境界，似乎用文字颜色以及一切坚硬的物质器材通通不易保存（本身极不具体，当然不能用具体之物保存）。如知和声作曲，必可制成若干动人乐章。

表现一抽象美丽印象，文字不如绘画，绘画不如数学，数学似乎又不如音乐。因为大部分所谓“印象动人”，多近于从具体事实感官经验而得到。这印象用文字保存，虽困难尚不十分困难。但由幻想而来的形式流动不居的美，就只有音乐，或宏壮，或柔静，同样在抽象形式中流动，方可望能将它好好保存并重现。

试举一例。仿佛某时、某地、某人，微风拂面，山花照眼，河水浑浊而有生气，漂浮着菜叶。有小小青蛙在河畔草丛间跳跃，远处母黄牛在豆田阡陌间长声唤子，上游或下游不知何处有造船人斧斤声，遥度山谷而至。河边有紫花、红花、白花、蓝花，每一种花每一种颜色都包含一种动人的回忆和美丽联想。试摘蓝花一束，抛向河中，让它与菜叶一同逐流而去，再追索这花色香的历史，则长发、清眸粉脸、素足，都一一于印象中显现。似陌生、似熟习，本来各自分散，不相粘附，这时节忽拼合成一完整形体，美目含睇，手足微动，如闻清歌，似有爱怨。……稍过一时，一切已消失无余，只觉一白鸽在虚空飞翔，在不占据他人视线与其它物质的心的虚空中飞翔。一片白光荡摇不定，无声、无香，只一片白。《法华经》虽有对于这种情绪极美丽形容，尚令人感觉文字大不济事，难于捕捉这种境界。……又稍过一时，明窗绿树，已成陈迹。惟窗前尚有小小红花在印象中鲜艳夺目，如焚如烧。这颗心也同样如焚如烧。……唉，上帝。生命之火燃了又熄了，一点蓝焰，一堆灰。谁看到？谁明白？谁相信？

我说的是什么？凡能著于文字的事事物物，不过一个人的幻想之糟粕而已。

天气阴雨，对街瓦沟一片苔，因雨而绿，逼近眼边。心之所注，亦如在虚幻中因雨而绿，且开花似碎锦，一片芬芳，温静美好，不可用言语形容。白日既去，黄昏随来，夜已深静，我尚依然坐在桌边，不知何事必需如此有意挫折自己肉体，求得另外一种解脱。解脱不得，自然困缚转加。直到四点，闻鸡叫声，方把灯一扭熄，眼已润湿。看看窗间横格已有微白。如闻一极熟习语音，带着自得其乐的神气说：“荷叶田田，露似银珠。”不知何意。但声音十分柔美，因此又如有秀腰白齿，往来于一巨大梧桐树下。桐荚如小船，缀有梧子。思接手牵引，既不可及。忽尔一笑，翻成愁苦。

凡此种种，如由莫扎特用音符排组，自然即可望在人间成一惊心动魄佚神荡志乐曲。目前我手中所有，不过一支破笔，一堆附有各种历史上的霉斑与俗气意义文字而已。用这种文字写出来时，自然好象不免有些陈腐，有些颓废，有些不可解。

上帝吝于人者甚多。人若明白这一点，必求其自取自用。求自取自用，以“人”教育“我”是唯一方法。教育“我”的事照例于“人”无损，扩大自我，不过更明白“人”而已。

天之予人经验，厚薄多方，不可一例。耳目口鼻虽同具一种外形，一种同样能感受吸收外物外事本性，可是生命的深度，人与人实在相去悬远。读万卷书，行万里路，自然有浩浩然雍雍然书卷气和豪爽气。然而识万种人，明白万种人事，从其中求同识差，有此一分知识，似乎也不是坏事。知人方足以论世。知人在大千世界中，虽只占一个极平常地位，而且个体生命又甚短促，然而手脑并用，工具与观念堆积日多，人类因之就日有进步，日趋复杂，直到如今情形。所谓知人，并非认识其复杂，只是归纳万汇，把人认为一单纯不过之“生物”而已。极少人能违反生物原则，换言之，便是极少人能避免自然所派定义务，“爱”与“死”。人既必死，即应在生存时知所以生。故孔子说，未知生，焉知死？多数人以为能好好吃喝，生儿育女，即所谓知生。然而尚应当有少数人，知生存意义，不仅仅是吃喝了事！爱就是生的一种方式，知道爱的也并不多。

我实需要“静”，用它来培养“知”，启发“慧”，悟彻“爱”和“怨”等等文字相对的意义。到明白较多后，再用它来重新给“人”好好作一度诠释，超越世俗爱憎哀乐的方式，探索“人”的灵魂深处或意识边际，发现“人”，说明“爱”与“死”可能具有若干新的形式。这工作必然可将那个“我”扩大，占有更大的空间，或更长久的时间。

可是目前问题呢，我仿佛正在从各种努力上将自己生命缩小，似乎必如此方能发现自己，得到自己，认识自己。“吾丧我”，我恰如在找寻中。生命或灵魂，都已破破碎碎，得重新用一种带胶性观念把它粘合起来，或用别一种人格的光和热照耀烘炙，方能有一个新生的我。

可是，这个我的存在，还为的是反照人。正因为一个人的青春是需要装饰的，如不能用智慧来装饰，就用愚骙也无妨。

八月三日

赏读

1938 年的中国，日寇步步紧逼，神州遍地烽烟，局势危急，生命如蚁。就在这一年，日本侵略者占领了武汉，沈从文随西南联合大学迁往云南昆明。艰苦卓绝的抗日战争，唤醒了中国人的民族国家意识，同时也让一批现代知识分子深入地思考人生存在的价值和意义。冯至的《十四行集》与沈从文的《烛虚》，皆是抗战期间的“沉思”式的创作，都是对生命和存在展开追问的不可多得的优秀作品。冯至的十四行诗展现的是里尔克式的存在主义的思考，而沈从文则继续追寻着他建构希腊人性小庙的梦想，走向了“抽象的抒情”。

《烛虚》是沈从文于西南联合大学教书期间创作的散文集。作家摆脱了早期创作中常见的“都市—乡村”二元对立的思考模式，展现了一个极富现代意味的抽象世界。散文集中各篇对生命存在的意义展开了追寻，细腻地描述了“我”在战争与和平、抽象与具象、美与丑等一系列问题上的体验及矛盾冲突，表现了昆明时期的沈从文复杂而深刻的精神世界。

《烛虚》是散文集《烛虚》的最后一篇，这部散文集的名字也来自于此篇。这篇散文共分五个部分，除了第四部分，其余各部分起首皆有独立的导语式的文字，在排版上被刻意地与后面的文字隔开一定的距离，显示其相对的独立性。将几个部分的导语式文字串起来看，就可以看出作者的一些用意。

“察明人类之狂妄和愚昧，与思索个人的老死病苦，一样是伟大的事业。”（《烛虚·一》）

“智者明白‘现象’不为困缚，所以能用文字。在一切有生陆续失去意义，本身亦因死亡毫无意义时，使生命之光，煜煜照人，如烛如金。”（《烛虚·二》）

“先以为我为运用文字而生，现在反觉得文字占有了我大部分生命。”（《烛虚·三》）

“说他人不如说自己，记人事不如记心情。”（《烛虚·五》）

“隐秘的言语，是人不可说的。”不可说的言语，沈从文称之为“抽象的抒情”，这也是本篇叙述的一个主题，即表达的失语及其焦虑。这个主题在文中又分为两个层次：第一个层次是对生命与美的感知，第二个层次则是对抽象的美的表现。先有对生命与美的感知，随后才有了对生命与美的表现问题。

《烛虚·五》开篇摘引了沈从文自己以前写下的两段文字，慨叹美的感知绝非易事，以及对自我的认知与追寻。住在乡下的时候向往着现代都市，那是他的梦想；等到后来住进城市，在城市里生活了二十年后才明白自己“始终还是个乡下人”。人生似乎兜了一个大圈子，转身回到原点，才蓦然发现了真正的自己。作者由此感慨：“生存俨然只是烦琐继续烦琐，什么都无意义。”希腊德尔菲神庙门楣上刻着这样一行字：认识你自己。认识自己，自古以来就是一个艰难的命题。伟大的俄狄浦斯揭开了斯芬克斯之谜，被认为是最聪明的人，可是最终还是没能认清自己，无意之中弑父娶母，得知真相后悔恨地弄瞎了自己的双眼。人，往往如沈从文一般，只有离开原来的生活，对自我才会真正有所发现。

沈从文强调自己并非厌世，只是人生这本大书“翻得太快”，需要“缓一口气”，慢慢地翻，以便能够接近美、发现美，让生命中有“一刹那间被美丽所照耀，所征服”。这与朱光潜“慢慢走，欣赏啊”的美学思想相一致。

沈从文在文章中思考如何表现抽象的美丽印象，并认为在这方面文字不如绘画，绘画不如数学，数学不如音乐；凡能著于文字的事事物物，不过一个人的幻想之糟粕而已。这与庄子所说书皆圣人之糟粕、言不尽意等思想相一致。或者说在这一点上，沈从文的思考与庄子哲学有了内在的相通性。难以言说，不可表达，乃是因为作者思考的是具体的形色声影与抽象的神人美等终极体验之间构成的矛盾张力。以烛照虚，唯见烛燃，而虚仍不可见；以虚为烛，虚又何在？作者推崇莫扎特的乐曲，痛苦于自己手中的“破笔”，对比的结果不是放弃表达的可能及相关探求，而是点出：“人若明白这一点，必求其自取自用。”这仍然是对自我的认识与发现。当然，以此“反照人”，也是作者对“人”的认识与发现。

作品

高山积雪[①]

王兆胜

与那些直接飘落于田野、河流和村庄的雪花不同，高山积雪似乎是上苍的遗弃物，它远离人间，孤独寂寞地在严寒中度过一个个漫长的日子。这里虽是自己的家乡，虽有母亲温柔的怀抱，虽有弟兄姐妹和朋友为伴，虽有不变的洁净的容颜和纯良的心地，但却没有一展才华为人类谋得福利之机会。所以，高高在上的积雪并不快乐，而是长久地苦恼着。高山似乎看透了积雪的心情，她告诉它说："除了那些身在高端的积雪要靠不断的修行取得正果，其余的积雪都不会永远呆在山上，它们都要到人世间去完成生命的旅程，只要待到春暖花开时节。"

在焦虑万分的等待中春天终于到来，阳光温暖明媚，地面热气升腾，靠近底部的积雪开始悄然融化，由一堆固体静止物一变而为生动的流水。在不知不觉间，变成流水的积雪已经走上它的旅途，它甚至还没来得及向家乡向母亲告别。此时的积雪知道，自己已被出行前激动、幸福和惜别的泪水深深浸润和

① 选自《天地人心》（山东文艺出版社 2006 年版）。王兆胜，1963 年生，山东蓬莱人。著有《林语堂的文化情怀》《闲话林语堂》等。

陶醉了。

投身于脱缰野马般的奔跑之中，积雪感到了大山之外紧张残酷的竞争，那是一种万人争走独木桥的惨烈景象。在这种拼命的拥挤中，积雪感到了有些头晕目眩，仿佛自己已非自己了。更可怕的是，在前进的道路上，常有巨石挡住去路，而自己又没有时间思考就会被撞成粉末。在这种如雷爆炸般的轰鸣中，积雪虽然感到一种生命的飞扬，一种凌空高蹈姿势的优美，但内心也被一种撕心裂肺的痛感所占据和震撼。化为流水的积雪也渐渐明白了，原来生命的旅行是要经过无数痛苦磨砺的。

如风云流散而复聚一样，粉身碎骨的积雪之水又汇集在一起。路途渐渐变得开阔，行进的速度也慢了下来，积雪似乎看到了所谓的人类。在积雪的眼睛里，有的面目慈祥，行为优雅，举止大方，尤其是那些妇女和儿童比较可爱；而另一些人尤其是一些男人目中透出攫取的贪婪之光，他们有的肩扛猎枪，两只血红的眼睛像恶狼一样到处搜寻。最令积雪恐惧的是猎手曾毫不犹豫将一只只洁白的天鹅、幼小的动物打死，鲜血竟差点将自己染红！最令积雪感到无奈和不解的是人类对它肆无忌惮的污染，那些有毒的气体和液体，都让积雪看到了人类的自私、无知与可怕。积雪还经常看到自己身边的流水被人取用，或是浇灌庄稼，或是满足工业制造之需。每当此时，积雪心里就会升起激动与悲伤，在它看来那是同类的夭折与不寿，虽然是死得其所！此时，积雪总是扪心自问："如果我突然被人取走而不能继续生命之旅，那将怎样？"

有时，积雪也想起了自己的家乡，那是怎样冰清玉洁的所在！而今，它却变成一团黑臭、肮脏和黏厚的液体。但积雪是富有牺牲精神的，因为它明白从走出那个神话般的世界开始，自己已经不再属于自己，而是踏上一条不归之路，这就好像一个人的出生就意味着死亡一样。当然，积雪在旅途中也有值得回忆和留恋之处，那是它从高山出发始料不及的。如它看到山上如羊群一样游动的云霞，那给它带来多少美好的故乡信息与回忆。还有，小男孩和小女孩在河边洗澡与游戏，他们天真无邪的欢笑曾让积雪久久不愿离去。最令它快乐的是，有一渡口留下过人类智者孔子的"逝者如斯夫，不舍昼夜"这句话，由此，积雪感到了在人类中仍不乏知音。

河道变得越来越开阔，污浊而黏稠的积雪之水显得苍老而疲累，它甚至能看到不远处有辽远而苍茫的大海和那呈扇形开放的洁白的海滩。那里有着与自己故乡相似的景象，如梦如幻，神秘莫测；那里也颇似自己母亲的怀抱向自己激情洋溢地张开。此时，积雪才真正体会到：原来冰冷就是另一种温暖，死亡就是另一种新生！于是，在对那个冰封世界的想念中，积雪无比快乐而又充满渴望地向大海扑去。

最后，积雪之水被大海吞没，失去了自己的模样，而大海不满不亏，一如既往。

“不知道有没有可能，海水又被阳光蒸发而为云气，而后又变为白雪，降落于高山之巅，从而孕育一个新的梦想。”气息奄奄、魂魄如游丝般的积雪心中有这样的一个闪念。

赏读

平原向往高山，高山向往平原，远方的生活仿佛总是带有某种特别的魅力，散发别样的光辉，诱惑着人们去追寻。很多时候，人们都向往远方，期盼能够远行，骚动的心总是促使人们去探寻未知的世界。人们渴望诗与远方，因为它们代表的是人生新的可能和生命中新的维度。

王兆胜的这篇文章，讲述的是高山积雪的故事，带有浓郁的寓言色彩。高高的山上的积雪，梦想着山下的生活，渴望能到山下去走走看看。对从没有走下过高山的积雪来说，下山是它内心深处一股强烈的欲望，也是生命的自我完成必不可少的旅程。唯有拥有了下山的经历，高山积雪的生命才算完整。

春暖花开的时候，高山积雪终于实现了自己下山的梦想。它化成河水，奔向山下。在高高的山上，积雪是纯洁雪白的；流淌在人世间，自己渐渐受到了污染，也见识了种种污浊，以及美与善。高山积雪在人世间经历得越多，越认识到人世间并非她真正向往的理想国。等到积雪最终流向了大海，这时候它却明白了人生的一个道理：“原来冰冷就是另一种温暖，死亡就是另一种新生。”从高山到平原，从平原到大海，积雪对自身的生命、对人世间都有了新的理解和体认，曾经骚动苦恼的心重归安宁。

高山与积雪、大地与河流，本是自然之物，没有思维，没有善恶。王兆胜的这篇文章，秉承的却是宋儒张横渠的思想，要“为天地立心，为生民立命”，让高山、积雪与大海成为天地之“心”的代表者。积雪下山后，看到人类自私、残酷的竞争，两相对照，感到冰冷的大山其实很温暖，而死亡也就是新生，于是想要重归雪山，寻回内心深处的安宁，重归自然和谐。王兆胜以拟人的手法写高山积雪，将“人心”赋予积雪，将高山积雪写得恰如《红楼梦》中的通灵宝玉，想要到人世间走一遭。高山积雪在人世间走一遭的过程，是经历人世百态、遍观世相的过程，也是自我成长的过程。

文章以拟人的方式写积雪，将“人心”安放进大自然中，以贴近自然之“人心”体察万物。高山积雪的“心”路历程，也就是“人心”的发现与认知过程，这其中寄寓着作者对如何才能使“人心”清澈明亮起来这一问题的思考。文章借高山积雪告诫世人：人心终归不能脱离天心。若要建设和谐美好的社会，就必须明白：“人都是天地自然的一分子，都不能无视天地自然的存在和先验限制。”人法地，地法天，天法道，道法自然。唯有不断地学习天地自然、善待万物，人才能“处于悠然自得和怡然自乐的‘大幸福’之中”。

万物静观皆自得。面对自然万象，世人见仁见智，所得各不相同。许多作家在文章中都喜欢美化大自然，以理想化的笔触描写安静和谐的大自然，以美好的自然对照丑陋的人类社会。其实，天地自然并不只是美丽和谐。“天地不仁，以万物为刍狗”，毛主席《念奴娇·昆仑》有云：“夏日消溶，江河横溢，人或为鱼鳖。”大自然有恬静柔美的一面，也有狂暴肆虐的一面。天地间存在巨大而神奇的力量，如火山冰川、地震海啸、飓风洪水等等，这些都曾给人类社会带来巨大的灾难。水善万物，泽润世人，然而却也有灭世的大洪水。从不同的角度观察自然，贴近自然，所得的感悟也就各不相同。老子观察水，感悟到柔弱之美，信奉柔弱胜刚强；有人则从洪水海啸中感受到了一种强者意志，相信强力。感悟柔弱而不走向自卑自贱，信奉强者意志而不欺凌弱小，兼容并蓄，有容乃大。钱穆在《晚学盲言》中指出，天地人间有“大生命”和“小生命”。宇宙自然是大生命，包罗万象、浩渺永恒；小生命就是人类个体的生命，既微小又短暂。小生命唯有融进自然的大生命中，让心与神、与物合而为一，这样才能达到“心之大解放”，才能实现“心之大安顿”，这也就是《中庸》所说的“大德敦化，小德川流”。

作品

常常，我想起那座山（节选）[①]

张晓风

一方纸镇

常常，我想起那座山。

它沉沉稳稳地驻在那块土地上，像一方纸镇。美丽凝重，并且深情地压住这张纸，使我们可以在这张纸上写属于我们的历史。

有时是在市声沸天、市尘弥地的台北街头，有时是在拥挤而又落寞的公共汽车站，有时是在异国旅舍中凭窗而望，有时是在扼腕奋臂、抚胸欲狂的大痛之际，我总会想起那座山。

或者在眼中，或者在胸中，是中国人，就从心里想要一座山。

孔子需要一座泰山，让他发现天下之小。

李白需要一座敬亭山，让他在云飞鸟尽之际有“相看两不厌”的对象。

① 选自《张晓风散文》（浙江文艺出版社2011年版）。张晓风，1941年出生于浙江金华，中国台湾散文家。著有《地毯的那一端》《愁乡石》等。

辛稼轩需要一座妩媚的青山，让他感到自己跟山相像的“情与貌”。

是中国人，就有权利向上帝要一座山。

我要的那一座山叫拉拉山。

山跟山都拉起手来了

“拉拉是泰雅尔话吗?”我问胡，那个泰雅尔司机。

“是的。”

“拉拉是什么意思?”

“我也不知道，”他抓了一阵头，忽然又高兴地说，“哦，大概是因为这里也是山，那里也是山，山跟山都拉起手来了，所以就叫拉拉山啦!”

他怎么会想起来用国语的字来解释泰雅尔的发音的?但我不得不喜欢这种诗人式的解释，一点也不假，他话刚说完，我抬头一望，只见活鲜鲜的青色一刷刷地刷到人眼里来，山头跟山头正手拉着手，围成一个美丽的圈子。

风景是有性格的

十一月，天气一径地晴着，薄凉，但一径地晴着。天气太好的时候我总是不安，看好风好日这样日复一日地好下去，我有些说不上来的焦急。

我决心要到山里去一趟，一个人。

说得更清楚些，一个人，一个成年的女人，活得很兴头的一个女人，既不逃避什么，也不为了出来“散心”——恐怕反而是出来“收心”，收她散在四方的心。

一个人，带一块面包、几只黄橙，去朝山谒水。

有的风景的存在几乎是专为了吓人，如大峡谷，它让你猝然发觉自己渺如微尘的身世。

有些风景又令人惆怅，如小桥流水（也许还加上一株垂柳，以及模糊的鸡犬声)，它让你发觉，本来该走得进去的世界，却不知为什么竟走不进去。

有些风景极安全，它不猛触你，它不骚扰你，像罗马街头的喷泉，它只是风景，它只供你拍照。

但我要的是一处让我怦然心动的风景，像宝玉初见黛玉，不见眉眼，不见肌肤，只神情恍惚地说：

“这个妹妹，我曾见过的。”

他又解释道："虽没见过，却看着面善，心里倒像是远别重逢的一般。"

我要的是一种似曾相识的山水——不管是在王维的诗里初识的，在柳宗元的《永州八记》里遇到过的，在石涛的水墨画里咀嚼而成了瘾的，或在魂里梦里点点滴滴一石一木蕴积而有了情的。

我要的一种风景是我可以看它也可以被它看的那种。我要一片"此山即我，我即此山；此水如我，我如此水"的熟悉世界。

有没有一种山水是可以与我辗转互相注释的？有没有一种山水是可以与我互相印证的？

神秘经验

深夜醒来我独自走到庭中。

四下是彻底的黑，衬得满天星子水清清的。

好久没有领略黑色的美了。想起托尔斯泰笔下的安娜·卡列尼娜，在舞会里，别的女孩以为她要穿紫罗兰色的衣服，但她竟穿了一件墨黑的，项间一圈晶莹剔亮的钻石，风华绝代。

文明把黑夜弄脏了，黑色是一种极娇贵的颜色，比白色更沾不得异物。

黑夜里，繁星下，大树兀然矗立，看起来比白天更高大。

那所老屋，一片瓦叠一片瓦，说不尽的沧桑。

忽然，我感到自己被桂香包围了。

一定有一棵桂树，我看不见，可是，当然，它是在那里的。桂树是一种在白天都不容易看见的树，何况在黑如松烟的夜里。如果一定要找，用鼻子应该也找得到。但，何必呢？找到桂树并不重要，能站在桂花浓馥的古典香味里，听那气息在噫吐什么，才是重要的。

我在庭园里绕了几圈，又毫无错误地回到桂花的疆界里，直到我的整个肺纳甜馥起来。

有如一个信徒和神明之间的神秘经验，那夜的桂花对我而言，也是一场神秘经验。有一种花，你没有看见，却笃信它存在。有一种声音，你没有听见，却自知你了解。

当我去即山

我去即山，搭第一班早车。车只到巴陵（好个令人心惊的地名），要去拉拉山——神木的居所——还要走四个小时。

当我前去即山，当班车像一只无桨无楫的舟一路荡过绿波绿涛，我一方面感到作为一个人一个动物的喜悦，可以去攀绝峰，可以去横渡大漠，可以去莺飞草长或穷山恶水的任何地方，但一方面也惊骇地发现，山，也来即我了。

我去即山，越过的是空间，平的空间，以及直的空间。

但山来即我，越过的是时间，从太初，它缓慢地走来，一场十万年或百万年的约会。

当我去即山，山早已来即我，我们终于相遇。

张爱玲谈到爱情，这样说：

于千万人之中遇见你所遇见的人，于千万年之中，时间的无涯的荒野里，没有早一步，也没有晚一步，刚巧赶上了，也没有别的话可说，唯有轻轻地问一声："噢，你也在这里吗？"

人类和山的恋爱也是如此，相遇在无限的时间，交会于无限的空间，一个小小的恋情缔结在那交叉点上，如一个小小鸟巢，偶筑在纵横的枝柯间。

山水的巨帙

峰回路转，时而是左眼读水，右眼阅山，时而是左眼披览一页页的山，右眼圈点一行行的水——山水的巨帙是如此观之不尽。

作为高山路线上的一个车掌必然很怡悦吧？早晨，看东山的影子如何去覆罩西山，黄昏的收班车则看回过头来的影子从西山覆罩东山。山径只是无限的整体大片上的一条细线，车子则是千回百折的线上的一个小点。但其间亦自是一段小小的人生，也充满大千世界的种种观照。

不管车往哪里走，奇怪的是梯田的阶层总能跟上来，中国人真是不可思议，他们硬是把峰壑当平地来耕作。

我想送梯田一个名字——"层层香"，说得更清楚点，是层层稻香，层层汗水的芬芳。

巴陵是公路局车站的终点。

像一切的大巴士的山线终站，那其间有着说不出来的小小繁华和小小寂寞——一间客栈，一座山庄，一间兼卖肉丝面和猪头肉的票亭，几家山产店，几户人家，一片有意无意的小花圃，车来时，扬起一阵沙尘，然后沉寂。

公车的终点站是计程车的起点，要到巴陵还有三小时的脚程，我订了一辆车，司机是胡先生，泰雅尔人，有问必答，车子如果不遇山崩，可以走到比巴陵更深的深山。

山里的计程车其实是不计程的，连计程表也省得装了。开山路，车子耗损大，通常是一个人或好些人合包一辆车。价钱当然比计程贵，但坐车当然比坐滑竿坐轿子人道多了，我喜欢看见别人和我平起平坐。

我坐在前座，和驾驶员一起，文明社会的礼节到这里是不必讲求了，我选择前座是因为它既便于谈话，又便于看山看水。

车虽是我一人包的，但一路上他老是停下来载人，一会是从小路上冲来的小孩——那是他家老五，一会又搭乘一位做活的女工，有时他又热心地大叫：

“喂，我来帮你带菜！”

许多人上车又下车，许多东西搬上又搬下，看他连问都不问一声就理直气壮地载人载货，我觉得很高兴。

“这是我家！”他说着，跳下车，大声跟他太太说话。

天啊！漂亮的西式平房。

他告诉我哪里是他正在兴盖的旅舍，他告诉我他们的土地值三万一坪，他告诉我山坡上哪一片是水蜜桃，那一片是苹果……

“要是你四月来，苹果花开，哼……”

这人说话老是让我想起现代诗。

“我们山地人不喝开水的——山里的水拿起来就喝！”

“呶，这种草叫‘嗯桑’，我们从前吃了生肉要是肚子痛就吃它。”

“停车，停车。”这一次是我自己叫停的，我仔细端详了那种草，锯齿边的尖叶，满山遍野都是，从一尺到一人高。顶端开着隐藏的小黄花，闻起来极清香。

我摘了一把，并且撕一片像中指大小的叶子开始咀嚼。老天！真苦得要死，但我狠下心至少也得吃下那一片，我总共花了三个半小时，才吃完那一片叶子。

“那是芙蓉花吗?”

我种过一种芙蓉花，初绽时是白的，开着开着就变成了粉的，最后变成凄艳的红。

我觉得路旁那些应该是野生的芙蓉。

“山里花那么多，谁晓得?”

车子在凹凹凸凸的路上，往前蹦着。我不讨厌这种路——因为太讨厌平直光滑的大道把你一路输送到风景站的无聊。

当年孔丘乘车，遇人就“凭车而轼”，我一路行去，也无限欢欣地向所有的花，所有的蝶，所有的鸟以及不知名的蔓生在地上的浆果行“车上致敬礼”。

“到这里为止，车子开不过去了，”司机说，“下午我来接你。”

山水的圣谕

我终于独自一人了。

独自一人来面领山水的圣谕。

一片大地能昂起几座山？一座山能涌出多少树？一棵树里能秘藏多少鸟？一声鸟鸣能婉转倾泻多少天机?

鸟声真是一种奇怪的音乐——鸟愈叫，山愈幽深寂静。

流云匆匆从树隙穿过——云是山的使者吧——我竟是闲于闲云的一个。

“喂!”我坐在树下，叫住云，学当年孔子叫住趋庭而过的鲤，并且愉快地问它，“你学了诗没有?”

并不渴，在十一月山间的新凉中，但每看到山泉我仍然忍不住停下来喝一口。雨后初晴的早晨，山中轰轰然全是水声，插手入寒泉，只觉自己也是一片冰心在玉壶。而人世在哪里？当我一插手之际，红尘中几人生了？几人死了？几人灰情灭欲大彻大悟了?

在

小的时候老师点名，我们一一举手说：

“在!”

当我来到拉拉山，山在。

当我访水，水在。

还有，万物皆在，还有，岁月也在。

转过一个弯，神木便在那里，在海拔一千八百米的地方，在拉拉山与塔曼山之间，以它五十四米的身高，面对不满五英尺四英寸的我。

它在，我在，我们彼此对望着。

想起刚才在路上我曾问司机：

“都说神木是一个教授发现的，他没有发现以前你们知道不知道？”

“哈，我们早就知道啦，做小孩子时就知道，大家都知道的嘛！它早就在那里了！”

被发现或不被发现，被命名或不被命名，被一个泰雅尔的山地小孩知道或被森林系的教授知道，它反正在那里。

心情又激动又平静，激动，因为它超乎想象的巨大庄严；平静，是因为觉得它理该如此，它理该如此妥帖地拔地擎天，它理该如此是一座倒生的翡翠矿，需要用仰角去挖掘。

路旁钉着几张原木椅子，长满了苔藓，野蕨从木板裂开的瘢目间冒生出来，是谁坐在这张椅子上把它坐出一片苔痕？是那叫做“时间”的过客吗？

再往前，是更高的一株神木叫“复兴二号”。

再走，仍有神木，再走，还有。这里是神木家族的聚居之处。

十一点了，秋山在此刻竟也是阳光炙人的。我躺在“复兴二号”下面，想起唐人的传奇，虬髯客不带一丝邪念卧看红拂女梳垂地的长发，那景象真华丽。我此刻也卧看大树在风中梳着那满头青丝。所不同的是，我也有华发绿鬓，跟巨木相向苍翠。

人行到“复兴一号”下面，忽然有些悲怆，这是胸腔最阔大的一棵，直立在空无凭依的小山坡上，似乎被雷殛过，有些地方劈剖开来，老干枯干苍古，分叉部分却活着。

怎么会有一棵树同时包括死之深沉和生之愉悦？

那树多像中国！

中国？我是到山里来看神木的，还是来看中国的？

坐在树根上，惊看枕月衾云的众枝柯。忽然，一滴水棒喝似的打到头上。那枝柯间也有汉武帝所喜欢的承露盘吗？

真的，我问我自己，为什么要来看神木呢？对生计而言，神木当然不及番石榴树，而番石榴，又不及稻子麦子。

我们要稻子，要麦子，要番石榴，可是，令我们惊讶的是，我们的确也想要一棵或很多棵神木。

我们要一个形象来把我们自己画给自己看，我们需要一则神话来把我们自己说给自己听：千年不移的真挚深情，阅尽风霜的泰然庄矜，接受一个伤痕便另拓一片苍翠的无限生机，人不知而不愠的怡然自足。

树在。山在。大地在。岁月在。我在。你还要怎样更好的世界？

适　者

听惯了“物竞天择，适者生存”，人不知不觉就绷紧了，仿佛自己正介于适者与不适者之间，又好像适于生存者的名单即将宣布了，我们连自己生存下去的权利都开始怀疑起来了。

但在山中，每一种生物都尊严地活着，巨大悠久如神木，神奇尊贵如灵芝，微小如阴暗岩石上恰似芝麻点大的菌子，美如凤尾蝶，丑如小蜥蜴，古怪如金毛狗，卑弱如匍匐结根的蔓草，以及种种不知名的万类万品，生命是如此仁慈公平。

甚至连没有生命的，也和谐地存在着，土有土的高贵，石有石的尊严，倒地而死无人凭吊的树尸也纵容菌子、蕨草、苔藓和木耳爬得它一身，你不由觉得那树尸竟也是另一种大地，它因容纳异己而在那些小东西身上又青青翠翠地再活了起来。

生命是有充分的余裕的。

在山中，每一种存在的都是适者。

忽然，我听到人声，胡先生来接我了。

…………

山风跟我说了一天，野水跟我聊了一天，我累了。在回来的公路局车上安分地凭窗俯瞰极深极深的山涧，心里盘算着要到何方借一只长瓢，也许是长如勺子星座的长瓢，并且舀起一瓢清清冽冽的泉水。

有人在山跟山之间扯起吊索吊竹子，我有点喜欢做那竹子。

回到复兴，复兴在四山之间，四山在云的合抱中。

水　程

清晨，我沿复兴山庄旁边的小路往吊桥走去。

船来了，但乘客只我一人，船夫定定地坐在船头等人。

我坐在船尾，负责邀和风，邀丽日，邀偶过的一片云影，以及夹岸的绿烟。

没有别人来，那船夫仍坐着。两个小时过去了。

我觉得我邀到的客人已经够多了，满船都是，就付足了大伙儿的船资，促他开船。他终于答应了。

山从四面叠过来，一重一重的，简直是绿色的花瓣——不是单瓣的那一种，而是重瓣的那一种——人行水中，忽然就有了花蕊的感觉，那种柔和的、生存着的花蕊，你感到自己的尊严和芬芳，你竟觉得自己就是张横渠所说的可以“为天地立心”的那个人。

不是天地需要我们去为之立心，而是由于天地的仁慈，她俯身将我们抱起，而且刚刚好放在心坎的那个位置上。山水是花，天地是更大的花，我们遂挺然成花蕊。

回首群山，好一块沉实的纸镇。我们会珍惜的，我们会在这张纸上写下属于我们的历史。

赏读

《常常，我想起那座山（节选）》开篇以市区和山间的对比，表现了自己对拉拉山的怀念。“有时是在市声沸天、市尘弥地的台北街头，有时是在拥挤而又落寞的公共汽车站，有时是在异国旅舍中凭窗而望，有时在扼腕奋臂、抚胸欲狂的大痛之际，我总会想起那座山。”离开市区，前往大山，作者称之为“朝山谒水”。拉拉山对于作者来说，意义非凡，所以用了“朝”字；朝山不是拜神求佛，而是表达了自己对山的喜欢、欣赏与崇拜。

作者用“散心”“放心”这样的日常词汇叙述自己离开市区前往山上的旅行，同时却又巧妙地恢复了这两个词汇本原的一些意义。《孟子·告子上》有云：“学问之道无他，求其放心而已矣。”张晓风说她到拉拉山，是“收心”，“收她散在四方的心”。拉拉山成了世俗生活的“收心”之处。从喧嚣的城市来到拉拉山，也就是来“求其放心”，接受心灵的洗涤。

读万卷书，行万里路，这是中国传统人文教育的理想。以前条件不具备，远足只是少数人才能拥有的权利。现在，随着人民生活水平的提高，越来越多的中国人出门甚或出国旅游。每逢国庆节等稍微长些的节假日，各处的旅游景点都是人满为患。旅游者往往慕名而来，在拥挤的人海中走马观花，很少能真正欣赏到美景。喧嚣的尘世、浮躁的人心，从都市挪到了风景名胜之地。带着城市的喧嚣来到风景面前，不肯摘下喧嚣都市的有色眼镜，没有“朝山谒水”的心，也就不能真正走进风景，本就无心而来，自然也就谈不上“求其放心”。

张晓风要去的拉拉山，人迹罕至，那里能洗去尘世的喧嚣与浮躁，能够使她明心见性，找到自我。文章中叙述进山的时候，作者坐在租来的计程车上。“车子在凹凹凸凸的路上，往前蹦着。我不讨厌这种路——因为太讨厌平直光滑的大道把你一路输送到风景站的无聊。”这段文字表露出来的思想情感，很容易让人想起朱光潜的文章《慢慢走，欣赏啊!》。人们往往为了赶到某个地方去欣赏美景而行色匆匆，结果反而错过了身边的诸多美景。放慢脚步，懂得欣赏，人生才能到处充满乐趣。

自严复翻译《天演论》以来，“物竞天择，适者生存”的进化论思想便流行于神州大地。人生譬如逆水行舟不进则退，退则意味着被不适，就要面临被淘汰的命运。为了生存的权利，为了更好地生活下去，于是不得不争。达尔文进化论思想，使人们对于自然、社会的观念发生了巨大的改变。有达尔文的进化论，就有克鲁泡特金的互助论。优胜劣汰是自然的法则，互助论则认为人类社会之所以成其为人类社会，在于优胜而不必劣汰。尊老爱幼，扶助弱者，互帮互助，这才是人类社会超脱于野蛮的动物界，走向人道的真正的精神核心。

进化论尊崇优胜者，即适者；互助论尊崇互助者，即富有人道主义精神者。信奉两种不同理念者，对于人道尊严的认知也往往有所不同。信奉强者的进化论，自然也就尊奉强者为尊，适者为尊，对于不适者，或如张晓风文章中所说，“介于适者与不适者之间”者，对于自身的尊严就会产生一种危机感，甚或“连自己生存下去的权利都开始怀疑起来了”。以适者、胜者作为尊严建立的根基，弱者便失去了生活中的位置。在张晓风的散文中，拉拉山这方自然的世界，与达尔文《物种起源》所描述的自然世界大不相同。或者说，两个人看自然世界的角度大不相同。达尔文注意的是物竞天择、优胜劣汰，而张晓风眼里的拉拉山，不管有生命的存在还是没有生命的存在，都自然和谐地生活在一起。在张晓风的笔下，在拉拉山中，每一种生物都有尊严地活着：巨大悠久如神木，神奇尊贵如灵芝，微小如阴暗岩石上恰似芝麻点大的菌子，美如凤尾蝶，丑如小蜥蜴，古怪如金毛狗，卑弱如匍匐结根的蔓草。即便是没有生命的存在，如土、石等等，也都有各自的尊严。

张晓风在文中反复写到了“神木”，通过“神木”兼具“死之深沉和生之愉悦”的特征，引发了生命是有尊严的思考。历经沧桑后的生命是令人敬畏的，人不能因为对自己有利或无利而褫夺他者生死之权利。植物没有高低贵贱之分，人类也应该如此。每一种生物都是平等的，每一个人也都是平等的。神木参天，自有其庄严；卑微的鼠曲草，平凡之中也自有其圣洁。同为造物，各有尊严，谁都没有理由自暴自弃，妄自菲薄；脚踏实地地走好每一步，自在而富有尊严地活着，这才是生命应该走的路。

作品

人生的意义及人生中的境界[①]

冯友兰

何谓“意义”？意义发生于自觉及了解。任何事物，如果我们对它能够了解，便有意义；否则便无意义。了解越多，越有意义，了解得少，便没有多大的意义。何谓“自觉”？我们知道自己在做一种事情，便是自觉。人类与禽兽所不同的地方，就是人类能够了解，能够自觉，而禽兽则否。譬如喝水吧，我们晓得自己在喝水，并且知道喝水是怎么一回事；可是兽类喝水的时候，它却不晓得它在喝水，而且不明白喝水是怎么一回事；兽类的喝水，常常是出于一种本能。

对于任何事物，每个人了解的程度不一定相同，然而兽类对于事物却谈不到什么了解。例如我们在礼堂演讲，忽然跑进了一条狗，狗只看见一堆东西坐在那里，它不了解这就是演讲，因为它不了解演讲，所以我们的演讲对于它便毫无意义。又如逃警报的时候，街上的狗每跟着人们乱跑，它们对于逃警报根本就不懂得是一回什么事，不过跟着人们跑跑而已。可是

① 选自《人生四境界》(长江文艺出版社 2016 年版)。冯友兰（1895—1990），中国哲学家、哲学史家。字芝生，河南唐河人。著有《中国哲学史》等。

逃警报的人却各有各的了解，有的懂得为什么会有警报，有的懂得为什么敌人会打我们，有的却不能完全了解这些道理。

同样的，假如我们能够了解人生，人生便有意义，倘使我们不能了解人生，人生便无意义。各个人对于人生的了解多不相同，因此，人生的境界便有分别。境界的不同是由于认识的互异。这有如旅行游山一样，地质学家与诗人虽同往游山，可是地质学家的观感和诗人的观感却大不相同。

人生的境界大体上可分为四类：（一）自然境界——最低级的，了解的程度最少，这一类人大半是“顺才”或“顺习”。（二）功利境界——较高级的，需要进一层的了解。（三）道德境界——更高级的，需要更高深的了解。（四）天地境界——最高的境界，需要最彻底的了解。在自然境界中的人，不论干什么事情，不是依照社会习惯，便是依照其本性去做，他们从来未曾了解做某种事情的意义。往好处说，这就是“天真烂漫”，往差处说便是“糊里糊涂”。他们既不懂得为什么要这样做，又不明白做某种事情有什么意义，所以他们可说没有自觉。有时他们纵然是整天笑嘻嘻，可是却不自觉快乐。这有如天真的婴孩，他虽然笑逐颜开，可是却一点都不觉得自己快乐，两种情况完全相同。这一类人对于“生”、“死”皆不了解，而且亦没有“我”的观念。功利境界中的人，对于人生的了解，比较进了一步，他们有“我”的观念；不论做什么事，都是为着功利、为着自己的利益打算。这一批人大抵贪生怕死。有时他们亦会为社会服务，为国家做点事，可是他们做事的动机是想换取更高的代价，表面上，他们虽在服务，但其最后的目的还是为着小我。在道德境界中的人，不论所做何事，皆以服务社会为目的。这一类人既不贪生，又不怕死。他们晓得除“我”以外，上面还有一个社会，一个全体。他们了解个人是社会的一部分，个人与社会是部分与全体的关系。就普通常识来说，部分的存在似乎先于全体，可是从哲学来说，应该先有全体，然后始有个体。例如房子中的支“柱”，是有了房子以后，始有所谓“柱”，假使没有房子，则柱不成为柱，它只是一件大木料而已。同样，人类在有了人伦的关系以后，始有所谓“人”，如没有人伦关系，则人便不成为人，只是一团血肉。不错，在没有社会组织以前，每个人确已先具有一团肉，可是我们之成为人，却因为是有了社会组织的缘故。道德境界中的人，很清楚地了解这一点。天地境界中的人，一切皆以服务宇宙为目的。他们对于生死的见解：既无所谓生，复无所谓死。他们认为在社会之上尚有一个更高的全体——宇宙。科学家的所谓宇宙，系指天体、太阳系及天河等，哲学家的所谓宇宙，系指一切，所以宇宙之外不会有其他的东西。个人绝对不能离开宇宙而存在。天地境界的人能够彻底了解这些道理，所以他们所做的事便是为宇宙服务。

中国的所谓“圣贤”，应该有一个分别，“贤”是指道德境界的人，“圣”是指天地境界的人。至于一般的芸芸众生，不是属于自然境界，便属于功利境界。要达到自然境界或功利境界非常容易，要想进入道德境界或天地境界却需要努力，只有努力，才能了解。究竟要怎样做才算是为宇宙服务呢？为宇宙服务所做的事，绝对不是什么离奇特别的事，与为社会服务而做的事并无二致。不过所做的事虽然一样，了解的程度不同，其境界就不同了。我曾经看见一个文字学的教授在指责一个粗识文字的老百姓，说他写了一个别字。那一个别字本来可以做古字的假借，所以当时我便代那写字的人辩护，结果，那位文字学教授这样地回答我：“这一个字如果是我写的，就是假借，出自一个粗识文字的人的手笔，便是别字。”这一段话很值得寻味，这就是说，做同样的事情，因为了解程度互异，可以有不同的境界。再举一例，同样是大学教授，因为了解不同，亦有几种不同的境界：属于自然境界的，他们留学回来以后，有人请他教课，他便莫名其妙地当起教授来，什么叫做教育，他毫不理会。有些教授则属于功利境界，他们所以跑去当教授，是为着提高声望，以便将来做官可以铨叙较高的职位。另外有些教授则属于道德境界，因为他们具有“得天下英才而教育之”的怀抱。有些教授则系天地境界，他们执教的目的是为欲“得宇宙天才而教育之”。在客观上，这四种教授所做的事情是一样的，可是因为了解的程度不同，其境界自有差别。

《中庸》有两句话，说圣人可以“赞天地之化育”，可以“与天地参”。所谓“赞天地之化育”并不是帮助天地刮风或下雨，“化育”是什么？能够在天地间生长的都是化育，能够了解这一点，则我们的生活行动都可以说是“赞天地之化育”，如果不明白这一点，那么我们的生活行动只能说是“为天地所化育”。所谓圣人，他能够了解天地的化育，所以始能顶天立地，与天地参。草木无知（不懂化育的原理），所以草木只能为天地所化育。

由此看来，做圣人可以说很容易，亦可以说很难，圣人固然可以干出特别的事来，但并不是干出特别的事，始能成为圣人。所谓“迷则为凡，悟则为圣”，就是指做圣人的容易，人人可为圣贤，其原因亦在于此。

总而言之，所谓人生的意义，全凭我们对于人生的了解。

（原载《新力》创刊号，1947年6月1日）

赏读

人为什么要活着？人生的价值和意义是什么？这是每个人都必须面对且进行思考的首要问题。千百年来，不断地有人试图给出自己的答案。

1923年2月14日，张君劢在清华大学发表了题为《人生观》的演讲，宣扬人生观不受科学支配，认为“人生观之特点所在，曰主观的，曰直觉的，曰综合的，曰自由意志的，曰单一的”。由此引发了20世纪20年代的“科学与人生观”论战。丁文江则撰文予以批驳，指出人生观并不是主观的，同样是客观实在的，有是非的评判标准，认为“一个人的人生观是他的知识情感，同他对于知识情感的态度”。陈独秀则提出了马克思主义唯物史观的人生观。这场论战是晚清以来“中体西用”、科学与玄学、传统与现代等诸多思想意识碰撞的结果。20世纪初叶，中国社会正值从传统向着现代转型的关键时期，形成怎样的人生观对中国社会的未来发展，有着非常重要的价值和意义；21世纪的今天，我们要实现美好的中国梦和“两个一百年”的建设目标，更要树立良好的人生观、价值观，才能在复杂的世界发展局势中不断开拓进取，让中华民族重新走向世界民族之巅，再铸辉煌。

本文的作者冯友兰是中国新儒家的代表人物之一，他以程朱理学结合新实在论，构建了“新理学”体系，积极推动儒家文化传统的现代阐释与转型工作。冯友兰在文章中所诠释的人生的意义及人生中的境界，带有浓郁的中国传统儒家文化的气息。在冯友兰看来，人生哲学的根本问题有两个：一是人之异于禽兽者即人之所以为人之理何在？二是人生之意义何在？

何为人生？冯友兰说：“人生之真相，即是具体的人生。”而“具体的人生”应该有其意义，正如史铁生所说：“只有人才把怎样活着看得比活着本身更要紧，只有人在顽固地追问并要求着生存的意义。”冯友兰认为，人之所以为人，即人之异于禽兽者在于其有觉解，人生的意义就在觉解之中。那么，什么是人生的意义？马斯洛在《人类激励理论》中将人类需求从低到高分为五个层次：生理需求、安全需求、社交需求、尊重需求和自我实现需求。马斯洛的观点被很多人接受，在他们看来，人生的意义就在于“自我实现”。若是将马斯洛的“自我”理解为“大我”和“小我”两个部分，马斯洛所说的“自我实现”等需求层次，与冯友兰所谈的人生境界就有了某些相通之处。

人生境界说是冯友兰在国难中所形成的最精彩、最深刻、最重要的思想成果，也是他终生抱定、从未真正放弃过的安身立命之说。“境界”一词原指疆界、景象，但自晋唐以来，佛经的翻译者们却给这个词赋予了一个特别的含义。佛学中，“境界”主要用来指意识活动中的主观感受；由此而引申出的某方面的造诣的深浅称为境界的高低。三国时翻译的《无量寿经》说：“比丘白佛，斯义宏深，非我境界。”这里的“境界”，指的是教义上的造诣。后来“境界”一词被运用到艺术和美学理论中，用法各不相同，具体所指也各不相同，有的指某种界限，有的指作品中情景的统一。冯友兰综合各家思想，以“境界”一词谈人生哲学，主要指由人的主观觉悟和了解形成的精神状态。

冯友兰提出了人生四境界说。从低到高，分别是自然境界、功利境界、道德境界和天地境界，同时指出人生境界虽然有高低，但是境界的高低不等同于好坏，境界低的人并不就是坏人。但是，境界高的人却一定是一个好人，坏人不会拥有很高的人生境界。如果一个人能学习白求恩，努力地使自己成为“一个高尚的人，一个纯粹的人，一个有道德的人，一个脱离了低级趣味的人，一个有益于人民的人”，这样的人境界怎么会低？而拥有道德境界和天地境界的人又如何不会是“一个有益于人民的人”？人皆有向善之心，这向善的心表现出来也就是对更高人生境界的追求。“大学之道，在明明德，在亲民，在止于至善。”若有追求“至善”之心，也就必然会努力地追求更高的人生境界。

如何提高自己的人生境界？冯友兰指出，人生境界源于求知，不仅要知其然，还要知其所以然。首先，要认识自我，有了“我”的意识，然后才有人生的意义这个问题。其次，要了解社会。对于自己与社会了解的不同，造成了人生境界的差异。若是只知道“小我”，只愿意为一己的生存或利益奋斗，这样的人生境界层次就比较低；若是懂得在“小我”之外，还有一个“大我”，正确地理解个人与社会，人生的境界才能从低级的层次进而发展到高级的层次。人生境界的高级层次，即道德境界或天地境界，需要人能超脱狭隘的“小我”，能够为社会和宇宙服务。在冯友兰看来，人生的最高境界就是为宇宙服务，也就是说，人生最重要的意义在于服务，或者说奉献，而不是索取。

在行文方面，全文采用起承转合式的结构，小的段落有时也采用起承转合的结构方式，论证思路清晰，语言通俗易懂，深入浅出，尽显哲学大师风范。

切磋琢磨

1. 人生要努力向前，敢于攀登高峰，同时也不要忘了驻足停下来，看看眼前的风景。著名美学家朱光潜先生的一句“慢慢走，欣赏啊”，曾给无数人以联想和启示。就读书而言，生活节奏越来越快的现代社会，流行的是快餐文化，很多人功利性地阅读文学、观赏艺术，社会上也就出现了各种名著速读、概观之类的东西。这样的阅读鉴赏，求的是知识而不是审美，用来炫耀或应付考试自然可以，但是美的鉴赏需要细腻、全身心地投入，无功利的审美愉悦才真正有益于人生的艺术化。

对于“慢慢走，欣赏啊”这句话，你产生了哪些联想和感受呢？在你的人生经历中，是否也有过“慢慢走”的感悟？请与身边的同学讨论“慢慢走，欣赏啊”这句话所蕴含的哲理，谈谈它给予你的人生启示。

2. 一个人的生活是否丰富和有价值，要看他在心灵和精神生活方面的努力。若是只追求外在的生活而忘却了对内在美的修养和追求，人就容易迷失方向，甚或走向歧途。在为精神追求而努力的时候，往往会遭遇种种困难挫折。人生，就是一场修行，需要在生活的波涛中奋勇前进，在艰难困苦中百折不挠，然后才能找到真正的自己，寻到前进的正确方向。

王兆胜在《高山积雪》中叙述了高山积雪在不同时候的心路历程。在高高的山之巅上，孤独寂寞的积雪焦虑地等待着春天的到来；春天到，积雪化为溪水流下山，感受到了竞争的紧张残酷；被巨石撞得“粉身碎骨”时，积雪感受到生命的激情和痛感，明白了生命的旅行要经历各种人间之苦的磨炼；等到看见人世间的善与恶，积雪开始眷恋自己的故乡；最后投身大海，体会到死亡就是另一种新生。

生活中，你是否也有一些感悟？试着梳理自己人生感悟的层次，并尝试着从天地万物中寻找一个恰当的自然现象，像《高山积雪》那样，通过对事物的描写呈现人生的经历和感悟。

3.《常常，我想起那座山》开篇说："常常，我想起那座山。它沉沉稳稳地驻在那块土地上，像一方纸镇。美丽凝重，并且深情地压住这张纸，使我们可以在这张纸上写属于我们的历史。"在文章的末段，又再次说："我们会在这张纸上写下属于我们的历史。"几千年来，我们的祖先在神州大地上耕耘不辍。在台北街头，市声沸天；拉拉山中，却是幽深寂静。请结合全文，分析"这张纸"及"我们的历史"所蕴含的意思。

假如你来自一个贫困落后、风景却无比秀丽的山区，将来有一天会由你来管理和规划这个地区的发展，你会有怎样的理想蓝图？请以"我有一个梦想"为题，写一篇作文，畅想一下五十年后自己家乡的模样。

4. 冯友兰将人生的境界分为四类：自然境界、功利境界、道德境界和天地境界。四个人生的境界，层次有高有低，其中较低的是自然境界和功利境界，然而有这两种人生境界的人不一定就是坏人。冯友兰认为人生境界的高低与人的好坏没有必然联系。社会上有一些人道德败坏甚或违法犯罪，他们之中绝大多数人生境界都不高，如何看待这些人的人生境界，提高这些人的人生境界是否有利于改变他们原有的恶劣品性？

宋朝苏轼《答张文潜书》中说："其为人深不愿人知之，其文如其为人。"王国维在《人间词话》中说："有境界则自成高格。"创作者的人生境界与文学创作有着非常紧密的联系，所以说"文如其人"，但有时候文亦不必如其人。如何正确地理解"文如其人"，正确地看待作家的人生修养与其创作之间的关系？请同学们搜集一些相关材料，试着谈谈作者的人生境界与作品境界的关系。

能自尊始可言人

导读

自尊（self-esteem），就是自我尊重，是个体对其社会角色进行自我评价的结果，表现为一种自我的价值感。自尊是通过社会比较形成的。自尊首先表现为自我尊重和自我爱护，包含着要求他人、集体和社会对自己尊重的期望。

马斯洛曾提出人的需求有五个层次：生理需求、安全需求、社交需求、尊重需求和自我实现需求。尊重的需求属于比较高级的层次，在生理和安全等低层次需求还没有得到解决的时候，尊重的需求也会有，却很少能成为主导的需求层次。中国传统文化强调君子固穷，颜回箪食豆羹不改其乐，但能固穷者毕竟是少数。我们倡导人人能够自尊自爱，而不是人人安于贫穷。贫穷不是社会主义，贫穷也不应该就是自尊自爱者的生活境遇。但是贫穷的社会境遇，却往往最能考验一个人的心志。传统小说中，经常会出现借用困境彰显人性的桥段。秦琼卖马、杨志卖刀等等，都是典型的“一文钱憋死英雄汉”。作为英雄豪杰，他们之所以陷入困境，乃是因为有自尊，即便生活困窘也不愿意放弃做人的底线，宁可卖掉珍惜之物也要维护作为人的尊严。然而，人到穷途志必短。卖马的秦琼和卖刀的杨志，只能忙着解决眼前的生活困难，自然没有空暇去想自我理想的实现。所以，想要使绝大多数人过上真正有尊严的生活，就需要国家安稳、社会秩序良好。一旦人们的物质生活富裕起来，人的低层次需求基本得到解决，自然就会有更高层次的需求。朱光潜曾说：“人心之坏，由于‘未能免俗’。什么叫作‘俗’？这无非是像蛆钻粪似地求温饱，不能以‘无所为而为’的精神作高尚纯洁的企求。”低层次的生理和安全需求，是所有动物都具备的本能，只有人才能“免俗”，超越低层次的需求，积极主动地追求自尊和自我的实现。

美国机能主义心理学先驱威廉·詹姆斯在《心理学原理》中提出了一个自尊的公式：自尊 = 成功 ÷ 抱负。也就是说，自我的价值感取决于成功和抱负两个因素。对于一个固有的抱负来说，获得的成功越大，所获得的自我价值感也就越大；获得的成功越小，自我价值感自然也就越小；但若是因为成功小而放弃，自我价值感就会归零。就自尊来说，只要努力，就会有收获；能力大的人可以争取大的成功，能力相对不足的可以适当调低自己的目标。降低对工作和生活的期望值，一个小小的成功也可以让人获得很强烈的自我价值感。降低自己的期望值，并不是自我放弃，而是认清自己，给自己一个准确的定位，避免眼高手低。必须要承认，人的能力有大小，客观条件有差异，怀抱远大的目标是好事，但成功却只能脚踏实地，一步一个脚印地走下去。小的成功，获得小的自我价值感；积少成多，坚持下去，远大的目标慢慢也就实现了，而自尊也就会变得越来越坚实厚重。

自尊离不开成功，但成功却不一定带来自尊。有些人利用了不正当的手段获得了成功，成为社会上的知名人士，但这样的成功往往是以向别人卑躬屈膝、放弃了自尊为代价的成功，趋炎附势为权贵折腰，没有自尊的成功已经偏离了追求成功的本意，也就不再是真正的成功。自尊需要成功，却不一定需要世俗意义上所谓的成功，更不能因为成功而失去自尊。富贵不能淫，贫贱不能移，威武不能屈，这才应该是一个有自尊的人的表现；自尊应该是成功的目的，而不应该成为获得成功的代价。

个人有个人的自尊，国家亦有国家的自尊。没有国哪有家？20世纪初中国被列强侵略的历史表明：唯有国家强盛有尊严，个人的尊严才会有真正的保障。作为21世纪的青少年，在关注自我利益和价值实现的同时，也要对国家社会怀有满腔热情，具有公共责任意识，承担起维护国家民族尊严的重任。

本单元五篇文章，作者从现代到当代，虽生活在不同的时代，有着不同的身份和立场，对自尊的追求与言说却颇有相似之处，共同为我们点亮了通向自尊之路的灯塔。

作品

革命必先去奴隶之根性①

邹　容

曰国民，曰奴隶，国民强，奴隶亡；国民独立，奴隶服从。中国黄龙旗之下，有一种若国民，非国民，若奴隶，非奴隶，杂糅不一，以组织成一大种。谓其为国民乎？吾敢谓群四万万人而居者，即具有完全之奴颜妾面，国民乎何有！尊之以国民，其污秽此优美之名词也孰甚！若然，则以奴隶畀之，吾敢拍手叫绝曰：奴隶者，为中国人不雷同，不普通，独一无二之徽号。

印度之奴隶于英也，英人非欲奴隶之，印人自乐为奴隶也。安南之奴隶于法也，非法奴隶之，安人自乐为奴隶也。我中国人之奴隶于满洲、欧美人也，非满洲、欧美欲奴隶之，中国人自乐为奴隶耳。乐为奴隶，则请释奴隶之例。

奴隶者，与国民相对待而不耻于人类之贱称也。国民者，有自治之才力，有独立之性质，有参政之公权，有自由之幸福，无论所执何业，而皆得为完全无缺之人。曰奴隶也，则既

① 选自《革命军》（中华书局1971年版）。邹容（1885—1905），中国民主革命家。原名绍陶，字蔚丹，四川巴县（今重庆）人。著有《革命军》等。

无自治之力，亦无独立之心，举凡饮食、男女、衣服、居处，莫不待命于主人，而天赋之人权，应享之幸福，亦莫不奉之主人之手：衣主人之衣，食主人之食，言主人之言，事主人之事。倚赖之外无思想，服从之外无性质，谄媚之外无笑语，奔走之外无事业，伺候之外无精神。呼之不敢不来，麾之不敢不去，命之生不敢不生，命之死不敢不死。得主人之一盼，博主人之一笑，如获异宝、登天堂，夸耀于侪辈以为荣；及婴主人之怒，则俯首屈膝，气下股栗，至极其鞭扑践踏，不敢有分毫抵忤之色，不敢生分毫愤奋之心，他人视为大耻辱，不能一刻忍受，而彼无怒色，无忤容，怡然安其本分，乃几不复自知为人。而其人亦为国人所贱耻，别为异类，视为贱种，妻耻以为夫，父耻以为子，弟耻以为兄，严而逐之于平民之外，此固天下奴隶之公同性质。而天下之视奴隶者，即无不同此贱视者也。我中国人固擅奴隶之所长，父以教子，兄以勉弟，妻以谏夫，日日演其惯为奴隶之手段。呜呼！人何幸而为奴隶哉！亦何不幸而为奴隶哉！

且夫我中国人之乐为奴隶，不自今日始也。或谓秦汉以前有国民，秦汉以后无国民。吾谓宴息于专制政体之下者，无所往而非奴隶。数千年来，名公巨卿，老师大儒，所以垂教万世之二大义：曰忠，曰孝，更释之曰："忠于君，孝于亲。"吾不解忠君之谓何。吾见夫法、美等国之无君可忠也，而斯民遂不得等伦于人类耶？吾见夫法、美等国之无君可忠，而其国人尽瘁国事之义务，殆一日不可缺焉。夫忠也，孝也，是固人生重大之美德也。以言夫忠于国也则可，以言夫忠于君也则不可。何也？人非父母无以自生，非国无以自存，故对于父母国家，自有应尽之义务焉，而非为一姓一家之家奴走狗者所得冒其名以相传习也。

中国人无历史。中国之所谓二十四朝之史，实一部大奴隶史也。自汉末以迄今日，凡千七百余年，中国全土为奴隶于异种者，三百五十八年；黄河以北为奴隶于异种者，七百五十九年。呜呼！黄帝之子孙，忍令率其嫡亲之同胞，举其世袭之土地，为他族所奴隶者，何屡见而不一？"箪食壶浆，以迎王师"，"纡青拖紫，臣妾骄人"，"二圣青衣行酒去，九哥白马渡江来。"忠君忠君，此张宏范、洪承畴之所以前后辉映也，此中国人之所以为奴隶也。

曾国藩也，左宗棠也，李鸿章也，此大清朝皇帝所谥为文正、文襄、文忠者也，此当道名人所推尊为中兴三杰，此庸夫俗子所羡为封侯拜相，此科举后生所悬拟崇拜不置者。然吾闻德相毕士麻克呵李鸿章曰："我欧洲人以平异种为功，未闻以残戮同胞为功。"嗟夫！吾安得起曾、左而闻是言！吾安得起曾、左以前之曾、左而共闻是言！吾安得起曾、左以后之曾、左——上自独当一面之官府，下至不足轻重之官吏——而亦共同是言！夫曾、左、李三人者，亦自谓为读书有得、比肩贤哲之人也，而犹忍心害理，屠戮同胞，为满洲人忠顺之奴隶也如是，其他何足论。吾无以比之，比之以李自成、张献忠，吾犹嫌其不肖。李、张之所以屠戮同胞而使满洲人入主中国也，李、张固无学识，不读书，又为明之敝政所迫，而使之不得不然，吾犹为之恕。曾、左、李三人者，明明白白知为汉种也，为封妻荫子，屠戮同胞以请满洲人再主中国也，吾百解而不能为之恕。某氏谓英人助满洲平太平天国，亡汉种之罪，英人与有力焉。呜呼！是又因乌及屋之微意也。

曾、左、李者，中国人为奴隶之代表也。曾、左、李去，曾、左、李来，柔顺也，安分也，韬晦也，服从也，做官也，发财也，中国人造奴隶之教科书也。举一国之人，无一不为奴隶；举一国之人，无一不为奴隶之奴隶。二千年以前皆奴隶，二千年以后亦必为奴隶。同胞乎！同胞乎！法国议院中，无安南人足迹；英国议院中，无印度人足迹；日本议院中，无台湾人足迹。印度人之为奴隶也，犹得绕红布头巾为巡捕立于上海、香港之十字街头上，驱策中国人以为乐。然吾试问我同胞，曾否于地球面积上，择一为巡捕之地，驱策异种人以为乐。面包一块，山芋一碟，此固非洲黑奴之旧生活也。同胞！同胞！其重思之！

吾先以一言叫起我同胞，曰国民。吾愿我同胞，万众一心，肢体努力，以砥以砺，拔去奴隶之根性，以进为中国之国民。法人革命前之奴隶，卒收革命之成功。美洲独立前之奴隶，卒脱英人之制缚。此无他，能自认为国民耳。吾故曰：革命必先去奴隶之根性。非然者，天演如是，物竞如是，有国民之国，群起染指于我中土，我同胞其将由今日之奴隶，以进为数重奴隶；由数重奴隶，而猿猴，而野豕，而蚌介，而荒荒大陆绝无人烟之沙漠也。

近人有古乐府一首，名《奴才好》云：

奴才好，奴才好，勿管内政与外交，大家鼓里且睡觉。古人有句常言道："臣当忠，子当孝。"大家切勿胡乱闹。满洲入关二百年，我的奴才做惯了，他的江山他的财，他要分人听他好。转瞬洋人来，依旧要奴才。他开矿产我做工，他开洋行我细崽，他要招兵我去当，他要通事我也会。内地还有甲必丹，收赋治狱荣巍巍。满奴作了作洋奴，奴性相传入脑胚，父诏兄勉说忠孝，此是忠孝他莫为。什么流血与革命，什么自由与均财，狂悖都能害性命，倔强那肯就范围。我辈奴仆当戒之，福泽所关慎所归。大金、大元、大清朝，主人国号已屡改，何况大英、大法、大美国，换个国号任便戴。奴才好！奴才乐！世有强者我便服。三分刁黠九分媚，世事何者为龌龊？料理乾坤世有人，坐阅风云多反复，灭种覆族事遥遥，此事解人已难索。堪笑维新诸少年，甘走汤火蹈鼎镬，达官震怒外人愁，身死名败相继仆。但识争回自主权，岂知已非求己学。奴才好！奴才好！奴才到处皆为家，何必保种与保国！

赏读

1902 年秋，邹容赴日留学，入东京同文书院，开始撰写《革命军》初稿，并改名邹容，隐含从此容颜改变、脱胎换骨的寓意。1903 年 5 月，《革命军》由上海大同书局印行，署名为“革命军马前卒”，是中国近代史上第一部系统地阐述革命理论、宣传革命和资产阶级共和国的著作。章炳麟称之为“义师先声”。章士钊主笔的《苏报》誉之为“国民教育之第一教科书”。吴玉章有诗赞曰：“少年壮志扫胡尘，叱咤风云《革命军》。号角一声惊睡梦，英雄四起挽沉沦。”孙中山在《建国方略》中称赞说：“《革命军》一书，为排满最激烈之言论，华侨极为欢迎；其开导华侨风气，为力者大。”这些都充分肯定了《革命军》的重要价值。

《革命军》全书只有两万多字，共分七章：一、绪论；二、革命之原因；三、革命之教育；四、革命必剖清人种；五、革命必先去奴隶之根性；六、革命独立之大义；七、结论。邹容从官制、兵制、田赋、捐税等各个方面，愤慨揭露了清政府对汉族人民的压迫，指出当时的清政府已成为洋人的奴隶，而汉人则是奴隶的奴隶，揭露了清政府对国人的压迫，分析了革命爆发的必然性；又以西方资产阶级革命时期提出的天赋人权、自由、平等、博爱作为指导思想，阐述了反对封建专制、进行资产阶级民主革命的必要性，指出革命是对上下古今、宗教、道德、政治、学术，以及日常事物存善去恶、存美去丑、存良善而除腐败的过程，认为革命是天演之公理，世界之公理，得之则生，失之则死，强调中国要自由、富强、独立，不可不革命；最后则旗帜鲜明地号召人们以华盛顿为榜样，高举卢梭等人宣传的自由、民主旗帜，彻底推翻封建专制统治，建立一个独立、民主的“中华共和国”。

在《革命必先去奴隶之根性》中，邹容首先简明扼要地对国民与奴隶做了区分，断定中国并无真正的国民，所有的只是奴隶，并认为中国人之所以为奴隶，根本在于乐为奴隶。乐为奴隶，其实就是奴在心者。林纾翻译的英国小说《十字军英雄记》中有这样的句子：“奴在身者，其人可怜；奴在心者，其人可鄙。”奴隶之根性，在于做奴隶的人有一颗奴隶心，用鲁迅的话来说就是有国民的劣根性，用胡风的话来说就是有精神奴役的创伤。身体被奴役的，解放起来比较容易；精神思想被奴役的，解放起来很困难。不改变人的精神（奴隶之根性），只是从身体上解放了被奴役的人，结果往往就像鲁迅所说的，奴隶翻身做了奴隶主，比原先的奴隶主更加残暴血腥。

邹容在文章中追根溯源，认为秦汉以后中国无国民，只有奴隶。如何摆脱奴隶的命运？邹容以法国、美洲为例，认为国人须先自认其为国民，提出了国民意识的自觉性问题。先去奴隶之根性与自认为国民，这是一个问题的两面，也是从根本上解决中国问题的基点。天下兴亡，匹夫有责。所谓的兴亡，不仅仅是抵御外敌的救亡，还有创造更美好的人道社会的意思。而要创造理想的现代国家，实现中国梦，就需要每个国人都自认为国民。只有这样，国家才会成其为国民之国；若是不能自认为国民，国家再强盛，中国也还是有奴隶而无国民，这样的国家就是鲁迅所说的“沙聚之邦”，并非“人国”。国民与奴隶的区别何在？邹容以为是“自治之力”与“独立之心”。自立而后“人”立，人立而后凡事举，所以鲁迅说：其首在立人。立人，就是去掉奴隶之根性。自治、自立、自知、自认，都是邹容常用的字眼；对于“自”的使用特别频繁，恰恰表明邹容认为革命成功的关键在于每个人。只有每个国人都能自尊自爱，不乐为奴隶，才能有望真正摆脱奴隶的地位，中国才能真正地成为“人”之国。

邹容文章词意浅显，文辞激烈，脍炙人口，富有感染力，易于启蒙和发动普通百姓从事反清斗争，在社会上有着非常广泛而深远的影响。

作品

短文二篇[①]

邹韬奋

1. 自觉与自贱

自觉心是进步之母，自贱心是堕落之源，故自觉心不可无，自贱心不可有。本期沧波君自英通讯，提起我国驻外的公使馆领事馆，有的连牌子都不愿挂，国旗都不愿悬，这种习惯是否已普及于我国驻外的外交机关，虽不可知，但有此事实之发现，已足引起国人的注意。我们试分析这种心理，实含有自己看不起自己的祖国，自己不愿做中国人的意味。试再作进一步心理上的分析，便知这是发生了自觉心以后的自贱心。以堂堂代表一国的外交官，乃具有这种自贱心，已属可痛，而依默察一般人所得，深恐这种变态的心理不仅限于所谓外交官也者。这种潜伏的祸根，苟非铲除净尽，则我们的民族前途实祸多而福少，进步减少希望而堕落的路愈跑愈远。

① 选自《韬奋全集（增补本）》（上海人民出版社 2015 年版）。邹韬奋（1895—1944），中国新闻记者、出版家。名恩润，祖籍江西余江，生于福建永安。著作编有《韬奋全集》《韬奋文集》等。

所谓自觉心，简言之，即自觉有何长处，便当极力保存而更发扬光大；自觉有何短处，便当极力避免而更奋发有为。自觉心所以能成为进步之母者，即在乎此。若自觉有所短而存着自贱的心理，便是自甘永居卑劣的地位，所得的结果是颓废，不是进步。

我国在此混乱时代，当然有许多不满人意的地方，我们所该努力的方向是要靠我们自己群策群力把不满意的地方使它变成满意，否则你尽管不愿做中国人，终究是中国人。不愿挂中国牌子不愿悬中国国旗的中国公使或领事，不见得就因此一跃而为其他什么特别出风头国家的大公使或大领事；不见得就因此可以获得别人的特殊尊重。想穿了这一点，我们自觉之后，只用得着自奋，用不着自贱。我们当光明磊落泰然坦然的做中国人，尽我们心力做肯求进步的中国人。无所用其自大，亦无所用其自贱。

2. 尽我所有

我们常看见有许多学英文的人，遇了用得着的时候，总怕开口，所以学校里有的请了外国人教英文，遇着师生聚会或宴会的时候，常有一堆学生躲来躲去，很不愿意和他同席，更不愿意和他多谈。这是什么缘故？也许是因为他觉得自己说得不好，怕出丑。其实你是外国人，西文是你的母音，我是中国人，本来不是说英语的，我懂得多少就说多少，能说得多好就说多好，如果说得差些，我总算“尽我所有”说了出来，有不行的地方，有机会再学就是了，一些没有什么难为情！若本来自己不行，却扭扭捏捏遮遮掩掩，试分析自己此时的心理，岂不是要表示我原是不错，不过不高兴说就是了！自己没有而要装做有，这便是不知不觉中趋于“伪”的一条路上去！天下作伪是最苦恼的事情，老老实实是最愉快的事情；“尽我所有”便是老老实实的态度，有了这种态度，岂但说什么英语心里无所畏，做什么都有无畏的精神，说英语不过是一种较为浅显的例罢了。

在校里做学生的时候，在课室里倒了霉被教师喊着名字，叫起来考问几句，胆小一些的仁兄，往往也吓得声音发抖，懂得两句的，只吞吞吐吐的答出了一句！这里面当然也有“撒烂污”的朋友，但是也有很冤枉的。既经懂了何以还有这样的冤枉？也是缺乏“尽我所有”的态度。有了这种态度，只要在自修的时候，“尽我所有”的能力用功，答的时候“尽我所有”的知识回答，既经“尽我所有”，于心无愧，如再不免“吃汤团”，所谓“呒啥话头”，用文皱皱的话便是所谓“夫复何言”，我害怕要吃，不害怕也要吃，怕他作甚！这样一来，心境上便成了所谓“君子坦荡荡”，不至于做“小人常戚戚”了。

做学生对付功课需要这种“尽我所有”的态度，就是我们要求自身的发展，也何尝不需要这种态度。有人告诉我们说，我要升学没有钱，做不到，学生意心里又不愿，怎样好？他不知道我们要求发展，只有以目前“所有”的境地做出发点，不能一步升天的！没有钱升学诚然是不幸，但是天上既不能立刻掉下钱来，学生意的人也不见得个个都无出息，也是事在人为，我们便须利用“尽我所有”的凭藉而往前做去，否则就是立刻急死也是无用的！而且我们深信果能抱着“尽我所有”的坚毅奋发的态度往前干，不怕困难的拚命的干，总有达到目的的日子！只怕我们不干！只怕我们不能“尽我所有”！

岂但无力升学的苦青年，社会无论什么人都有他们说不出的痛苦，说不出的不满意，最需要的也是这种“尽我所有”的态度，尽量利用我们所有的能力，所有的凭藉，无论或大或小，总是“尽我所有”的往前干，干到不能干无可干时再说！有了这种态度，只望着前途，只望着未来，不知道什么是困难，不知道什么是危险，不知道什么是烦闷，不知道什么是失望，但知道“尽我所有”的往前干，干到不能干无可干再说！俗语所谓“做到那里算那里”，一个人本来不能包办一切，本来只能“尽我所有”，此外多愁多虑多烦多恼，都是庸人自扰的事情！

这种“尽我所有”的态度，岂但从个人事业的立场言是非常需要的，就是我们想到社会的改进方面，也要有这种态度。即就全国不识字的人民一端而言，约占全数百分之八十，而现在的德国和日本，全国不识字的人仅达百分之十，国民的知识程度相差如此之远，想到以全民为基础的民国前途，很容易使人气馁。但是我们决不能因“气馁”而能为国家增加丝毫的进步，也只有抱定“尽我所有”的态度，一人的力量能做多少即做多少，一团体的力量能做多少即做多少，一种刊物的力量能做多少即做多少，“尽我所有”的往前干！干一分是一分！干两分是两分！前途怎样辽远，我们不管！“尽我所有”的向前猛进！

赏读

邹韬奋1922年在黄炎培等创办的中华职业教育社任编辑部主任，开始从事教育和编辑工作。1926年接任《生活周刊》主编，抗日战争爆发后在汉口、重庆等地主编《抗战》《全民抗战》等刊物。他以犀利之笔，力主正义舆论，抨击黑暗势力，是一位杰出的爱国主义者、政治活动家、著名的评论家和现代新闻事业的开拓者。1944年11月15日毛泽东为邹韬奋题写挽词："热爱人民，真诚地为人民服务，鞠躬尽瘁，死而后已，这就是邹韬奋先生的精神，这就是他之所以感动人的地方。"

这里所选的两篇短文，都是邹韬奋为自己主编的《生活周刊》所撰写的随笔。

《自觉与自贱》针对当时情况下某些国人对民族命运抱有悲观失望的情绪，给予了强烈的批判，这对于当下社会生活来说也很有借鉴意义。文章对自觉与自贱简单做了对比后，便以中国一些驻外公使馆不挂牌子、悬国旗为例，点出这是自觉后的自贱行为。因为自觉到自己不如别人，于是从对比中产生了自贱的感觉。邹韬奋肯定了其中的自觉心，批评了其中的自贱行径，同时指出自觉应该用于发展长处，而不是走向自贱。一个人如果连自己都看不起自己，如何期望能从别人那里得到尊重？自尊者人恒尊之，自贱者人恒贱之。知道自身的不足，这不应该成为自贱的理由，而恰恰应该成为前进的动力，正如邹韬奋文中所呼吁的："我们所该努力的方向是要靠我们自己群策群力把不满意的地方使它变成满意，否则你尽管不愿做中国人，终究是中国人。"意识到自己的国家不尽如人意，就应像周恩来总理那样立下"为中华崛起而读书"的志向，努力地改变不满意的地方，为实现自己心目中美好的中国梦而奋斗。

《自觉与自贱》这篇文章文字十分简洁朴实，但却句句落到实处，每一句都是作者对祖国满腔挚爱的热情喷发，可以看到一位热情正直、有强烈民族责任感的爱国知识分子的形象。对于个人来说，这篇文章也具有很重要的借鉴意义。《礼记·学记》有云："学然后知不足，教然后知困。知不足，然后能自反也；知困，然后能自强也。"自觉到不足，甚或因此产生自卑感，这在社会上是常见的现象。若是以自卑感当作某种借口使用，形成自卑情结，就是不健康的人格发展趋向。美国心理学家阿德勒认为，人格是在战胜自卑和追求优越过程中发展的。因此，对于所有人来说，重要的是能正视自身的不足，超越自卑，最终成就自我。

《尽我所有》从身边同学的英语学习开始谈起，谈到有些同学不敢和外教对话，详细分析了同学们害怕开口的心理，强调怕羞不开口实在没有必要，而是应该“尽我所有”大胆地学习。文章从学英语谈到做功课，从做功课谈到学生个人的发展，从学生个人的发展谈到社会上一般青年的自我发展，最后又从青年个人的事业谈到整个社会的改进，从身边琐事渐渐引申开来，如剥洋葱一般层层展开，循循善诱，由浅入深地阐述了“尽我所有”的态度对于个人和社会发展的重要意义。

邹韬奋倡导做任何事都要“尽我所有”，却并没有轻易地将成功许诺给“尽我所有”。“尽我所有”是一种埋头苦干、只问耕耘不问收获的精神。邹韬奋将努力奋斗的过程，看得比结果更重要。邹韬奋指出，烦恼忧愁不能解决任何实际困难，“尽我所有”地往前干，虽然不一定能解决问题，但是不做就没有任何希望，“尽我所能”地干下去，事情才有成功的可能。

在邹韬奋看来，“尽我所能”不仅仅是做事情所需要的态度，还是人格自我修养的重要方式和途径。“尽我所能”地干事情，这种老实的态度，在心境上就是“君子坦荡荡”，长此以往，自然就会形成表里如一的君子风度；否则，人就会变得不老实，容易走向“伪”，也就是表里不一。修身养性，明德见性，都是从小事做起，舍此别无捷径。邹韬奋这篇随笔谈的虽然是做事的态度，其实也包含着做人的道理。

作品

囚　歌[①]

叶　挺

为人进出的门紧锁着，
为狗爬出的洞敞开着，
一个声音高叫着：
——爬出来吧，给你自由！

我渴望自由，
但我深深地知道——
人的身躯怎能从狗洞子里爬出！

我希望有一天，
地下的烈火，
将我连这活棺材一齐烧掉，
我应该在烈火与热血中得到永生！

① 选自《囚歌》（四川人民出版社 1978 年版）。叶挺（1896—1946），中国无产阶级革命家、军事家，中国人民解放军创建人和新四军领导人。原名为询，字希夷，广东归善（今惠阳）人。

赏读

鲁迅在《中国人失掉自信力了吗》中指出："我们从古以来，就有埋头苦干的人，有拼命硬干的人，有为民请命的人，有舍身求法的人……"世上没有不劳而获的好事情，美好的有尊严的生活从来都是靠一代又一代的志士仁人抛头颅洒热血争取来的。《论语·卫灵公》有这样一段记载："子曰：志士仁人，无求生以害仁，有杀身以成仁。"南宋文天祥就义后，在他的衣袋中发现这样一段文字："孔曰成仁，孟曰取义，惟其义尽，所以仁至。读圣贤书，所学何事？从今而后，庶几无愧！"志士仁人，是勇于为理想牺牲的。"为有牺牲多壮志，敢教日月换新天。"敢于牺牲、勇于牺牲的志士仁人才是真正的中国脊梁。

白莽曾翻译匈牙利诗人裴多菲的诗：

生命诚可贵，爱情价更高。

若为自由故，二者皆可抛。

对于现代的志士仁人来说，最重要的理想追求，便是自由。《囚歌》的作者叶挺，就是一位为了追求自由而勇于献身的革命先行者。

叶挺，中国无产阶级军事家，中国人民解放军创建人之一，毕业于保定军校。曾于1921年任孙中山大元帅府警卫团营长。1924年赴莫斯科东方大学学习。1925年加入中国共产党，在北伐战争中任国民革命军第四军参谋处处长、独立团团长。参加并领导了1927年的南昌起义和广州起义。抗日战争爆发后任新四军军长，皖南事变后被国民党拘押，囚禁在重庆市郊区的红炉厂，《囚歌》即创作于被囚禁期间。《囚歌》以"六面碰壁居士"落款，正是叶挺当时处境的形象写照。郭沫若在《叶挺将军的诗》一文中评价《囚歌》说："他的诗是用生命和血写成的，他的诗就是他自己。"

《囚歌》是一篇白话述志诗，分为上下两节，浓缩了叶挺将军牢狱生涯的深切体验，是他对于生命、自由和尊严之辩证关系的悲壮思考。全诗明白晓畅，通俗易懂，感情炽烈，气势豪迈，是诗人高尚情操的真实流露，让人情不自禁地为诗中的那股凛然正气而震撼，为诗人的高尚人格而肃然起敬。

诗的上半节，以形象的语言，把囚禁在牢狱里的受难者的自由与尊严相分离的景况直陈出来。作者以"人"与"狗"、"门"和"洞"做对比，鲜明地阐述了革命者对于人的气节的崇高追求。一方面，反动当局绝对不允许被囚者以自由之身保有人的节操和尊严；另一方面，他们又千方百计诱惑受难者以尊严的丧失换取行动的开阔空间。“爬出来吧，给你自由”，短短八个字，勾勒出反动当局骄狂、狰狞的可恶嘴脸。

诗的下半节，诗人以激昂的语气来回答那个在外面高叫的声音，告诉他们自己的选择，用激烈的话语表达了宁为玉碎、不为瓦全的高尚志向和无畏的气概。“生命诚可贵，爱情价更高。若为自由故，二者皆可抛。”谁都渴求自由，被囚在监牢中的人更懂得自由的珍贵，但是真的勇士却不会以奴颜婢膝去换得所谓的“自由”。士可杀不可辱，与身体上的自由相比，精神上的自由更重要。有尊严的自由才是真正的自由；失去了尊严，自由也就失掉了真正的价值。

牢狱从来就不是梦幻情调的温床，阴森、恐怖、死亡才是它的现实。如果是弱者，本来就少得可怜的骨气将在这里彻底消融；唯有强者，浑身凛然正气在这里愈加得到张扬。诗人坚信革命终会取得最后的胜利，他盼望着革命的烈火熊熊燃起，烧毁这人间的炼狱。他愿为国家、为民族献出自己的热血和生命，让自己在血与火的斗争中体现生命的真正价值，得到“永生”。正如臧克家在诗《有的人》中所写“有的人死了，他还活着”，为了绝大多数人的自由、幸福与尊严而死的人，人民会永远记住他。阅读叶挺的这首诗，我们仿佛看到，在熊熊燃烧的烈火中，一个顶天立地的共产党人的高大形象巍然屹立、光耀千秋。

作品

谁能让我害羞[①]

铁 凝

女人吃过早饭就一直在打电话。她打电话不是坐在电话机跟前，她是拿着话筒在房间里走来走去地打——客厅里有一部无绳电话。她这种溜溜达达、东瞅西看的做派似乎基于两个原因：一来可以顺便浏览这套面积不小、亮亮堂堂的新居，哪儿还缺点什么，哪儿还不太顺眼，或者哪儿都顺眼什么也不缺；其次她好像在模仿外国电影里那些打电话的人，尤其是那些女主人公，她们在打电话或者接电话时，大多是提着电话满屋子乱转，长长的电话线在她们脚前或者身后一路扭动，看上去显得潇洒，还有一种心不在焉的自得。女人此刻就有点自得，可她不想承认，她感觉自得是一种轻浮的心态，她感觉她的心态比自得要高。女人不到四十岁，一个模仿欲和创造欲兼而有之的岁数。

溜溜达达的女人拐进厨房，发现饮水机上那只淡蓝色的空水桶，想起该给水站打电话叫水了，于是尽快结束了眼下这个

① 选自《谁能让我害羞》（广州出版社2002年版），有改动。铁凝，1957年生于河北赵县，著有《玫瑰门》《无雨之城》等。

本来就内容空泛的电话。她开始拨水站的电话，却怎么也要不通，话筒里翻来覆去只有一个不给情面、呆板乏味的声音：“您拨的电话号码不存在或已变更。”女人脾气有点上来了。这种名叫“清灵山”的矿泉水是厂家上门推销时被她接受的，几天前她还打电话叫过水，怎么会“您拨的电话号码不存在呢”？那么就是“或已变更”？这就更不像话了——变更了电话号码为什么不通知客户，不知道我们每天要喝矿泉水啊。女人打“114”查询，“114”说“您查询的号码未作登记”。女人气愤了，“黑店”“野店”之类的辞汇咕嘟咕嘟直撞心口。她想起就在上次，听从那个送水的小男孩的建议，她从他手里买了十张共一百块钱的水票。当时她也觉得方便，每次付给送水人一张水票，比每次都要预备好合适的钱省事。敢情这是水站的一个小伎俩啊，他们一次性骗走所有用户的人民币，然后就从这座城市消失了。女人想着，随手拉开灶台旁边的一只小抽屉，拿出那沓比扑克牌略窄的、价值一百块钱的水票。是啊，水站的电话号码若是存在，它就还是钱；不然呢，它就只是一沓废纸了。这时女人看见“废纸”上赫然印着“清灵山”矿泉水送水站的地址：本市某区某某路某某某号。原来这水站是有出处的，她怎么从来没有注意过水票上的地址呢？当你可以用电话召唤对方为你服务的时候，地址的确显得并不重要。但是此刻它重要起来。女人估算了一下，这个地址距她所在的小区大约六公里，在一座中等城市，这是一个不算远也不算近的距离。女人决定按水票上的地址去找这家水站。也许是为了那一百块钱（她在心里已经把它作废），也许是为了自己作为顾客的被戏弄。女人有理由认为自己已被戏弄。这感觉她并不陌生，火爆而没有信誉的商业，富裕却并不安稳的生活，经常被她交叉体味。所有的许诺都是可疑的，包括物业公司承诺的二十四小时热水供应也从来没有百分之百兑现过。可是，他们却知道先把满院子的保安武装得像那么回事，保安身穿配有金色肩章和绶带的深蓝制服，头戴红呢贝雷帽，时不时排起队在楼前楼后巡逻一阵子，演戏一般。难道没有满足物业公司和业主双方的虚荣心吗，难道还有什么不够？女人呢，最受不了的就是保安头上的红呢帽，特别当她正要洗澡水龙头里突然出不来热水时。她胡乱抓起浴巾裹住赤裸的身子给物业值班室打电话，他们通常的回答是“对不起，正在抢修热水管道”。这时女人坚信那个接电话的值班员头上一定也歪扣着一顶红呢贝雷帽，煞有介事而又不伦不类。

就这样，女人想想这儿想想那儿，怀着一腔的不快把自己穿戴整齐，锁好家门，乘电梯下楼，开车去寻找那个可能已经失踪的水站。她顺利找到了某区的某某路，原来这是一条拥挤、嘈杂的肮脏小街，集中着土产批发一类内容的密密麻麻的店铺，笤帚，簸箕，墩布，卫生纸，品质可疑的所谓不锈钢盆、碗，还有菜刀、剪子、铁锅、塑料桶……波浪似的翻滚在小街两旁的便道上；掺杂其中的小饭馆们也不甘寂寞，炉灶快要戳在了马路中央，大馅水饺、小笼蒸包和油泼面在各自的锅里冒着腾腾热气，笼络着这街和街上的人，致使油腻的地面上处处污水横流。女人放慢车速，留神着门牌号码，她想，正因为这条小街是如此地放肆和热闹，这里的任何一间小铺子或说“公司”才特别容易说没就没。就在这时，她看见了“清灵山”三个字，“清灵山矿泉水某某路分公司”的大字招牌就在一间小门脸的门楣之上，在小笼包子和油泼面的油腻气味中确凿地存在着。女人把车停靠在路边，躲着便道上蜿蜒的污水走进水站。在堆积着水桶的房间里，那个小男孩——上次给她送水的那个，和两个同伴围住一张两屉桌，一人捧着一只比他们的脑袋大不少的青花瓷碗正在吃面，油泼面吧。当他发现女人进屋，把脸从面碗上挪开时，腮边还沾着一片黑绿的菠菜。

女人的心定了。看来这水站没有戏弄她，水票上的地址是真实的；而且，那被用来吃面的两屉桌角摆着电话呢，蒙着灰尘的电话。她扫了一眼腮边沾着菠菜的小男孩，不知道该怎样称呼他。他显然还算不上个男人，但用“小男孩”招呼他也太过稚嫩，至少他不是个童工。“小伙子”么？透着点鼓舞和褒扬的意思，女人没有这种意思。他不超过十七岁吧，有点鼠相，有点孱弱，面目和表情介乎于城乡之间，皮色发暗，一个营养不良的少年而已。称呼这样一个人物其实何必太费斟酌，用得着么？女人于是冲少年“哎”了一声，“你”，她说，她对他发表了一些谴责的话，谴责水站变更电话不通知客户。少年解释说从前那个号码是借别人的，现在人家不让用了，老板只好去申请新号，老板说了，新号码很快就能办好。接着他又呜里呜哝向女人道了些个“真不好意思”之类，仿佛刚被这个城市教会，运用尚欠自如。女人不耐烦听他的道歉，只说你不是给我家送过水吗，下午三点以后请你给我送一桶水。你们的顾客登记上有我的地址。少年殷勤地答应说他知道女人的住址：湖滨雅园 5 栋 801。女人心里笑了，不是笑少年那不错的记性，她想这本是一个没有湖泊的城市，她那个小区还非叫湖滨雅园不可，一时间小区连同小区的业主都有那么点虚情假意，那么点连蒙带唬，不是么?！女人得意自己这瞬间的自嘲，有自嘲能力的人就是那些在生活中占据主动位置的人。她就是，她觉得。

少年目送女人开车远去，特别注意着她的白色汽车。他不知道那车是什么牌子，但这也许并不重要，重要的是一个开着汽车的女人光临了这个水站，这间破旧、狭隘的小屋。她带着风，带着香味儿，带着暖乎乎的热气站在这里，简直就是直奔他而来。她有点发怒，却也没有说出太过分的话，并且指定要他给她送水。她穿得真高级，少年的词汇不足以形容她的高级。少年只是低头看了看自己，原来自己是如此破旧，脚上那双县级制鞋厂出产的绒面运动鞋已经出现了几个小洞。少年对自己有些不满，有些恼火。他回忆着第一次给女人送水的情景，基本上没想起多少。只记得房间很大，厨房尤其大，简直大过了他姑姑家最大的房间——少年寄居在姑姑家，和表哥挤着一间六平米的小屋。女人的厨房比六平米大两倍吧。少年弄不懂做饭的屋子为什么非得这么大不可，开间饭馆都足够了，而且，厨房的洗碗池前竟然还铺着地毯（防滑垫）！给少年留下记忆的还有女人的孩子，那么小的一个孩子——可能五岁，就拿着个手机当玩具玩儿，当女人要他放下手机时，他就很悲哀地对女人说，为什么我总是不能痛痛快快地玩呢！我要打“110”了……“痛痛快快”和“110”给少年留下了印象，比女人那套让人眼花缭乱的房子留给他的印象要深。房子和房子里的一切毕竟离少年太远了，而孩子所说的痛痛快快倒叫他觉得有趣，他就总想痛痛快快地不送水了，痛痛快快地闲呆着。一桶水五十斤重，他送一桶才挣八毛钱。生意最好的时候他一天送过九桶，挣过七块二毛钱，表哥立刻要他请客吃烤羊肉串。他这一天的工资连买一桶矿泉水都不够，一碗油泼面也得两块钱，少年的姑姑家不管饭，他一天至少要在外头吃两碗油泼面。有时候，特别当要水的人家住在五楼或六楼，他扛着水桶一级一级爬楼梯的时候，他就会心生忿懑：这些人为什么一定要花钱喝矿泉水啊纯净水啊，水管子里的水怎么了有毒了么有毒了么？毒死他们才好呢。少年的想法有时候无边无沿。不过，他知道他不能去毒死“他们”，“他们”会打“110”报警。当他在半年前来到这城市谋生时，表哥给他讲过“110”的作用，从此他知道，他独自在外遭遇紧急情况随时可打“110”。问题是他能有什么紧急情况呢，他最大的紧急情况就是缺钱，缺钱就不能痛快，“110”能帮他弄钱吗？但是现在，少年还是准备去给湖滨雅园 5 栋 801 的女人送水，这些人如果都不喝矿泉水了，他就连那一天七块二的人民币也挣不出来了。刚才那几个和他一起吃面的同伴在这时冲他开起粗俗的玩笑，找你来了人家找你来了，他们说；看上你了人家看上你了，他们说。少年的心可能为此忽悠了一下，他不能解释他这陌生的忽悠到底源于哪里，他只知道现在他和他的这几个同伴好像不一样了；他也有些后悔跟他们一块儿凑在水站吃那碗油泼面，为什么要让女人看见他手中那碗浮泛着几片蔫菠菜的面条；他还觉得他必须要换一身衣裳了。

女人在下午三点听见门铃响，她开了门，少年肩扛水桶站在门口，显得有些怪异。少年还是那个少年，他的脸相和表情都被她认了出来。女人经过瞬间的审视，发现少年的怪异来自他的打扮。上午她并没有注意他的服装，他的服装他的脸相和那间昏昏暗暗的水站相辅相成融为一体，天然的合拍，谁还用得着特别留神他的衣裳呢。此时此刻的少年换了装，穿一身于他来说显然过大的西服，簇新的，面料低劣的，没有经过整型处理的，支支楞楞的，把他的脑袋比照得更小，让女人感觉不是少年扛着水桶，而是这套西服本身扛着一桶水。她让他进来，房间里顿时响起一阵巨大的"咯噔"声，女人看看少年的脚，那脚上是一双偏大的硬底皮鞋——他的崭新行头的另一部分。她提醒他换鞋，他像假装没听见似的咯噔咯噔一路向前然后拐进厨房，他那由于过长而挽起两折的裤脚堆积在鞋面，单看这两条腿的下部，仿佛这个人已经松开裤腰褪下了裤子。女人没再坚持要他换鞋，经验使她猜测这少年的脚也许很臭，如同物业公司那些来修暖气和水管的工人，每次他们走后她都要开窗换空气。那么，不换也罢，让臭脚就盛在他自己的鞋里原封离开吧。由于这身并不合体的服装，少年干起活来显得笨手笨脚，他自己浑身上下窸窸窣窣，撕扯着水桶上的塑料包装膜也窸窸窣窣。当他终于鼓捣清楚，想要抱起水桶将它安插到饮水机上时，女人说，等等。

少年放开水桶回转过身，见女人手里举着一块耀眼的白棉花，蘸了酒精的。她对他说，我要把水桶接口的这个地方消消毒，你的手不要再碰这儿了。

少年说，这些水出厂时瓶口都是密封的。

女人说，谁告诉你的？

少年说，我们老板告诉的。

女人不屑地撇了撇嘴，毫不犹豫地用棉花狠擦起水桶，就像以这个动作告之少年，她不会相信他的老板乃至他们工厂里所谓的“密封”。就在今天上午之前，她还没有要给矿泉水桶消毒的打算；就在今天上午之后，她滋生了这个念头。她并不特别责怪水站设在那么一条污水横流的乱糟糟的街上，你以为你在光线明亮、环境舒适的大型超市里购买的东西都源自光线明亮、环境清洁的地方吗？女人在电视台做着一个栏目的制片人，对这些事情本来知道不少。她弯腰擦着水桶，视线很自然地落在身边少年垂着的手上。这是一双多么脏的手啊，就是这样的一双手，到处送着要被人喝进嘴里的水。女人直起腰来，她想，手中这一百块钱的水票肯定是退不掉的，用完这沓水票之后她一定得换一家。那么，少年的手脏与不脏根本上就和她关系不大了，就像他这身大而无当的古怪的西服和脚上的大皮鞋与她无关一样。他为什么要这样，她并不关心也没工夫关心，下次送水的人也许西服更大，双手更脏。

女人完成了消毒程序，指示少年安好水桶，撕给他一张水票，少年却还站着不走。他磨蹭着不走，是因为有点懊丧。这身“行头”是他中午专门回姑姑家偷出的表哥的礼服，他以为这礼服应该能配得上他下午的送水，出入女人那样的人家，应该有他身上现在这样的衣服。还为了什么？用这样的衣服来抵消上午女人对他们水站的造访吗？来模糊女人看见他手捧着油泼面狼吞虎咽吗？少年没有能力归纳自己脑袋里的乱七八糟，只是一个劲儿地懊丧。女人分明没有留意他的新装，反倒使劲擦起水桶那密封过的瓶口，已经是嫌恶他的意思了。而这少年的内心还谈不上十分敏感，判断力也时常出错，他固执地认为自己的“改头换面”尚嫌不够，他又想起了属于表哥的几件时髦玩意儿。这时他听见女人说，你还有什么事么？少年解释说他只是想告诉女人，她如果再要水可以呼他，他有呼机。女人有些奇怪地说，你说什么？

少年很为女人的奇怪表情感到高兴，他愿意她对他产生兴趣。他再次告诉她呼机的事。

女人说，你的意思是不是你们水站的电话还有很长时间不能接通？

少年说不是。

那我为什么要呼你呢？女人说。

我是想说，这几天你要是用水就可以呼我。少年说。

用不着。女人说，五天以后你再给我送一桶就行了。

那你不用记我的呼机号了？少年说。

不用。女人回答得很果断。

她有些厌烦这个送水的少年，他以为他是谁？还让她呼他，难道谁都配被她呼吗？即使她真的断了水，和所有水站都联络不上，家中水龙头里流出来的不也是水吗？时间倒退十年或者二十年，女人以及这城市里所有的人喝的是什么？就是自来水管里流出的水啊。在女人更小的时候，她的童年时代，住在一座筒子式的宿舍楼里，所有人家共用着走廊尽头的一只水管，夏日的晚上她从来不在家洗脚，她总是穿着凉鞋到那个共用的水管子底下去冲脚，冲完脚，再就着水管喝一通生水。这是被大人禁止的，大人要求她喝凉白开。但她和她的朋友们都这么冲脚这么喝水，她们发育正常，没被毒死，成长得也很健康。回想从前，女人心中漾起暖意，不过也仅仅是回想而已。如今她已为人母，她决不想让她的宝宝喝着水管子里的未达国际标准的生水长大。她的常驻国外做生意的丈夫年节时回家，甚至都水土不服了，烧开的自来水他喝了都会腹泻。所以，女人需要有人送水，最终她才能忍受那些送水人。

五天之后，少年又来了，仍然穿着西服和皮鞋，脖子上又添了一条花格围巾，使他看上去格外臃肿。女人为他开了门，接着，一切如同上次。仅在付水票的时候，女人多问了他几句话。也许她只是念他遵守信用，也许她只是没话找话。她问他送一桶水挣多少钱，他说八毛；她问他一天能送多少桶，他顿了一下，很想同这个女人胡说八道一次。然后他昂起头说，最多的时候，他一天送过六十桶水。他想让她不要小瞧他，还要告诉她，他一天挣得并不少。可惜女人是心不在焉的，她不想知道六十桶水对一个少年意味着什么，意味着他要付出多少时间和多大的体力，也不想算算六十乘以八是多少钱。她和他说几句话，只是想填充一下他离开之前的这点空白。所以，他胡说八道还是正儿八经对她来说都一样。所以，她就顺嘴搭腔地说，噢，六十桶。

女人的顺嘴搭腔以及她搭腔时表情的平淡仿佛伤害了少年，原来他如此巨大的谎话和谎话如此巨大的数字都不能震撼女人，甚至，就连引她嗤之以鼻都不可能。这儿没他什么事儿，这儿从来就没他什么事儿啊。可他为什么还不走呢？他觉得口渴，他对女人说他想喝点水。

女人用下巴朝洗碗池那儿轻轻一点，当然只能是洗碗池那儿，在那个配有粉碎机的双槽洗碗池上方，伸出一只造型别致的脖颈长长的炫目的不锈钢水龙头。少年来到那个被指定的地方，有点恍惚地歪过自己那满是尘土和头皮屑的小脑袋，把嘴伸向那个冷冰冰的龙头。

又是五天过去了。少年的日子不太愉快。他的表哥已经发现自己的西服皮鞋之类不断被少年偷穿，而且弄得挺脏。表哥为此和少年打了一架，从此把自己认为值钱的东西都锁了起来。论打架，少年不是表哥的对手，膀大腰圆的表哥一把就能将少年整个揪起来揪得双脚离地。然而打架本身并不可怕，平日里少年最怕姑姑对他说那样的话。姑姑经常对他说，你可是白住在我们家啊，再这样……少年知道下边的意思，他随时可能被赶出姑姑家，要想在这个城市里混，他的前景只能是自己花钱出去租房。但这时的少年，思维是混乱的，情绪处于一种茫然的亢奋，以至于他刚向表哥讨了饶，表哥刚出家门，他就有一种强烈的要撬表哥的箱子的欲望。他这欲望比他的讨饶更为坚硬，突如其来而又不计后果。他撬了他的箱子，打扮好自己，能披挂的一切都披挂在身上。他不仅围上了表哥那条格子围巾，还胡乱抻出一根花领带系在脖子底下。一串穿着折刀、剪子和假手机的花哨的钥匙串他也别在腰上；最后他胆大妄为地拿起表哥的随身听揣进衣兜，把那副黑沉沉的大耳机套上脑袋堵在耳边。他就这样背着姑姑，鬼鬼祟祟，小耗子一般臃肿而又麻利地直奔水站而去。

少年骑车驮着一桶新水去给女人送水，一路上磕磕绊绊。先是后轮胎不知让什么给扎了，他只好推着自行车找修车的补胎。当他再次上路之后，他的耳朵里就灌满了《心太软》的歌声。音量太大了，快要把他从车座上掀下来。这样也好，因为忽然之间少年和周围的一切都没有关系了，汽车、行人、街道、树木，一切都离他远去，只有耳朵里的歌声带着他前行，也许就是那歌儿在替他骑着自行车。少年的视觉、听觉和感觉因此都有些麻木，他被一辆三轮车挂倒了都不知道。这时歌声断了，周围的一切又回到少年身边。他和他的自行车倒在地上，水桶也滚出去好远。他爬起来，西服和皮鞋沾了很多尘土，随身听怎么摆弄也不再响了，坏了。挂倒他的三轮车已经跑了，幸好水桶没有摔破。少年用铁钩重新把水桶在后衣架上挂好，继续前往湖滨雅园。

这是一个安静的下午，少年在第5栋楼门前停好车，拍拍浑身上下的尘土，扛起水桶走进前厅。他直奔电梯间，不幸的是今天电梯出了毛病暂时停开了。于少年来说，这真是一个不幸：他得扛着五十斤重的水桶爬八层楼梯。也许他应该撤退了，换了别人可以改天再来。但少年觉得自己是没有退路的，他这一身狂热加冒险的来之不易的装束，他这一副虽已摔坏却显示着时尚的耳机，他这一路的颠簸和磕绊，都鼓舞着他不能回头，他必须爬上八楼见到女人。那么，他就开始了。他的过大的皮鞋这时特别显出了不利，沉重而又不跟脚，成为少年上楼的累赘。当他行至五楼时，他觉得耳朵嗡嗡直响，头上满是虚汗，后背已经湿透。他体内的卡路里不足以支付他这种超常的表现，少年休息了三次，才终于登上八楼。

女人听见门铃声，在门镜里认准了少年，打开门。

在她眼里，少年比任何一次都要怪异。他就是一个送水的，而且正在工作中，他这是干什么？一身的西服围巾花领带，耳朵上还扣着一副庞大的耳机。他就像在搬家，或者刚抢劫了一间百货店。肩膀上那桶水反倒退居一切一切之后了。但女人要的就是水啊，这才是她让他进门的理由。

他进了门，有点气喘，直到往饮水机上安好水桶，他一直猫着腰，并且一手捂住肚子。很难判定此时此刻他怎么了，也许肚子疼，也许胃疼，也许哪儿都不疼他只是累坏了。也许他没有累得直不起腰，他就是想用这种姿势引起女人的注意女人的好奇甚至女人的怜悯。引起女人的怜悯，这是妄想了，还有点撒娇的意味，尽管这点意味连少年自己也未必明确。这妄想和这撒娇若被女人看出，她会轻蔑加恼火，恼火着轻蔑着立即把少年轰出门去。

女人看见了少年的姿势，顺带扫了一眼少年的表情。他说不上阴沉，也不是顽劣，也不像有阴谋，更说不上流里流气——他还根本不具备流里流气的分量。他的脸上有一层似尘似雾的不清洁的薄膜，没有长时间的盯视，很难找出那薄膜后边的稚嫩的底子。这时她是彻底地嫌恶他了。有一瞬间她几乎不觉得他是个人，他是一堆闯进她家的游动着的乱七八糟的怪物。他为什么猫腰捂肚子，她没有兴趣知道。他有病了吗？他又有什么权利在顾客家有病？她递给他水票，告诉他可以走了。

少年接了水票，没有离开的意思。他偷眼看着女人，忽然一阵悲哀。女人今天的头发是蓬乱的，仿佛格外要用这乱蓬蓬的头发来表示对少年这样一个人物、这样一堆“武装”的轻蔑。他就想，凭什么我不能在这儿呆一会儿呢？当女人催他离开时，他说他渴了，他要喝点水。他听见了自己的声音，声音有些嘶哑，而那条早已被汗水濡湿的花格子围巾还簇拥在他的纤细的脖子上。他是真的该喝水了。

女人也听出了少年声音的嘶哑，她犹豫了一下，像上次一样，指给他洗碗池。

少年没往洗碗池那儿走，相反他朝贴墙而立的饮水机跨近了一步。我要喝点儿矿泉水。他说。

女人站立的位置在洗碗池和饮水机中间，或者离洗碗池更近些。她和少年面对着面，他们之间的距离大约两米。但女人感觉她和他实际的距离比两米要近，因为她感觉到一种模糊而又确凿的不祥。敏感的女人在这时仍然愿意自己是强大的，特别在她觉得她受到他人侮辱的时候。少年要喝矿泉水，就是对她的侮辱。她直盯着少年细小的、目光游移的眼睛说，你不能。

少年猫着的腰直了起来，挑衅似的，好像要有什么举动。

一阵踢踢踏踏的脚步声，是女人的孩子，少年曾经见过的那个五岁的宝宝，在这时捧着他小小的口杯到厨房来了。妈妈我要喝水。他说。你躲开！他又对少年说。

少年瞥了瞥宝宝，想起那次送水时这宝宝对女人不满的责问：为什么我总是不能痛痛快快地玩儿呢！啊，痛痛快快！少年今天就要痛痛快快地不给他躲开。

女人神情严肃地要求她的宝宝回到自己房间去。回去。她说。

宝宝就捧着空杯子走了，他不哭也不闹，他一定也觉出了这里气氛的不同寻常。他回去了，还用小手轻轻掩住自己的房门。

女人更加严肃地对少年说，请你出去。

少年彻底绝望了，他知道他要的不是矿泉水。那么他要的是什么？他到底想要什么？他其实不清楚，他从来就不清楚。现在，就现在，他为他这欲罢不能的不清不楚感到分外暴怒，他还开始仇恨他为之倾心的这套西服，这一身的鸡零狗碎。他开始撕扯它们，他的手碰到了腰间那串穿着折刀、剪子和假手机的钥匙串。他一把将刀子攥在手中并打开了它。刀子不算太长，刀刃却非常锋利。少年用着一个笨拙的、孤注一掷的姿势将小刀指向女人，还忍不住向她逼近一步。他觉得他恨她，他开始恨她的时候才明确了他对她的艳羡。但在这时艳羡和仇恨是一回事，对少年来说是一回事。从艳羡到仇恨，这中间连过渡也可以没有。他就是为了她才弄了这么一身西服皮鞋，而现在这个女人就像西服皮鞋一样地可恨。可是他想干什么呢，杀了她还是要她的矿泉水喝？也许都行。此时的少年不能自持了，他甚至不能区分杀一个人和逼一个人给他一口水喝，哪个罪过更大。他没有预谋，也就没有章法，走到哪儿说哪儿。

女人望着逼近的少年，真正意识到了危险。她判断她遇见了一个入室抢劫者。但是毕竟，环境于她是有利的。她略微整理一下内心，尽可能镇静着后退一步倚住灶台，把右手背到身后，够过灶台上的手枪，双手握住，然后出其不意对准少年。那是一枝手枪式的点火器，女人的丈夫在国外出差，换飞机时在沙迦机场的免税店花四个美元买的。现在女人的心发着抖，她却竭力使握着枪的手不发抖，她必须让自己相信这就是一枝真枪，真枪实弹就在她的手中。就这样，拿枪的女人和拿刀的少年面对面僵持着，也许三分钟，也许五分钟。

空气像要爆炸，女人觉得她必须说话。枪在手中，她反而可以把声音压得更低。她压低着嗓音拿枪指着少年说，出去！不出去我就开枪！

枪真的吓住了少年。他连想也没想这枪可能是假的。因为女人是高级的，女人的房子女人的汽车女人的生活女人的一切都是高级的，高级到你可以憎恨你却不可怀疑。少年在产生刹那间的溃败感的同时，也产生了对女人手中那枝枪的不可抑制的惊愕。这就是枪啊，枪就是这样的啊！他望着乌洞洞的枪口，开了眼似的半张着嘴，那枝手枪仿佛才是他自卑的真正根源，它使他无地自容。有一刹那他几乎想把自己手中那低档的委琐的小刀抛到身后，它因为低档而更显委琐，因为委琐而格外低档。少年该怎么办呢？他那攥着刀的手已经汗水淋淋，他却不知道他该怎么办了。

少年的犹豫增添了女人的力量，她斗胆用手指搂了搂“扳机”，那枪“咔嗒”了两声。她要把这枪弄出点响动，以此加大对少年的震慑，以此轰他快走。虽然，这响动也许会让少年识破这枪的虚假，女人犯着嘀咕，却按捺不住又让枪“咔嗒”了两声。

枪的响动再次让少年惊愕，让他仿佛听见了一声无比巨大的嘲弄，他就彻底地无地自容了。他想松开刀子，他觉得自己就要向女人扑去，向那枝被他仰慕、让他眩晕的枪扑去，向着于他来说那遥远而又高级的一切扑去。他果真松开了那让他无地自容的小刀，有时候无地自容的人特别具有一种阴郁而又躁乱的爆发力。一辆“110”警车在这时已经停在楼下，警察很快就破门而入了。是女人的宝宝藏在自己的房间里用女人的手机报了警。宝宝真的有机会拨打了一次“110”。

女人听“110”的警察聊起对那个少年的审讯，他们指责他这么小年纪就持刀入室抢劫，知道不知道这是犯法。少年说他没想抢劫。警察说那你想干什么。每次问到这里少年总是摇头。警察又问你知道什么叫羞耻么。少年不说话。警察说唉，还有什么能让你害羞呢。少年想了想说，枪。警察说你害怕枪了？少年说不是，她一拿出枪来我就……我只有刀子。警察说你是因为没有枪才害羞？少年又不说话了。在他的脑海里，可能真的镶嵌着一枝乌亮的、高级而又神奇的能让他痛快的枪吧，他多么应该是那个持枪的人啊。这时他差不多已经忘记了女人。

女人有时候会怀着凛然的高傲回想起那个少年，他的凶狠和懦弱毕竟给她留下了印象。但他终归不是女人的对手，他甚至不如一个五岁的孩子。并不是所有五岁的孩子都能在紧急情况下口齿清楚地用电话呼救的，女人的宝宝就能。每每想起这些，女人都会紧紧拥抱她的孩子。在以后的日子里，偶尔，当电梯坏了女人只好气冲冲地爬楼梯时，她也会想起那天“110”的警察还告诉她，当时如果不是电梯坏了，他们会到达得更加迅速。那么，那天的少年是扛着水桶爬上八楼的。女人猜着，少年猫腰捂肚子的形状就会在眼前闪一闪。

那又如何。女人紧接着便强硬地自问。我要为他的劳累感到羞愧么？不。女人反复在心里说。

不！女人在心里大声说。

2002 年正月

赏读

一天，一位生活在一座中等城市的女主人，因为桶装水送得不及时，开着白色的汽车找到设在一间破旧小屋里的送水站。一个来自农村的送水少年接待了她。“她穿得真高级，少年的词汇不足以形容她的高级。少年只是低头看了看自己，原来自己是如此破旧，脚上那双县级制鞋厂出产的绒面运动鞋已经出现了几个小洞。少年对自己有些不满，有些恼火。”面对这位现代都市里的“高级”女人，送水少年那颗敏感的心受到了刺激，产生了浓郁的自卑感。

送水少年的自卑，源于害羞，羞于自己破旧的服装。于是送水少年在给女主人公送桶装水时，便一次次地精心装扮自己。为了让自己看起来体面一些，少年偷偷穿了表哥的西服皮鞋，因为把衣服弄脏了，表哥还与他打了一架。当少年送水到女人家，看到女人头发蓬乱着出来时，少年觉得自己受到了蔑视。被蔑视的感觉让少年变得有些倔强，想要在女人家中多呆一会儿。当女人催他离开时，他说他渴了，他要喝点水。从送水少年最初想要在女人面前表现得体面一点，到想要在女人面前“自由”地发会呆，再到后来痛恨女人并引发了尖锐的对峙，直到“高级”女人的孩子拨打“110”引来警察才结束了这场对峙，小说细腻地呈现了送水少年内心世界的变化过程。

对于送水少年来说，“高级”女人代表着美好的现代都市生活，送水少年对她的艳羡，既源于少年对异性懵懂的冲动，更是对她所代表的那种整洁、体面、有尊严的现代都市生活的向往。在少年自己的内心世界里，存在高级与低贱、文明与落后的价值等级判断，且在这个价值判断中明确知道自身处于绝对劣势的地位，因此送水少年才感到自卑和“害羞”。羞即知耻，即因感受到自己在人格、能力、外貌、思想行为等方面与他人或社会不一致而产生的痛苦的情绪体验，这种体验往往成为人们改变自身的内在驱动力，即通常所说的知耻而后勇。但是，当送水少年懵懂地向往和追求平等、自由与尊严的时候，他的这些要求没有得到满足，在“高级”女人的面前一遍遍地遭受蹂躏，结果他下意识地拿起了刀子，暴力成了他最后的选择，而枪则成了他对于力量的进一步渴望。如何才能站在别人面前不感到羞耻，如何才能获得别人的尊重，送水少年始终没有找到正确的答案。

小说指责了女人所代表的人性中冷酷与麻木不仁的一面，同时也在反思少年不切实际的幻想。要求尊严和被平等地对待，这是对的，但是将平等和尊严理解为向着自己羡慕的对象靠拢，希冀获得他人的认可，很多时候并不能够由此得到真正的平等和尊重，反而更容易成为社会阶层固化的牺牲品。触发送水少年追求自尊与平等的是那个“高级”女人，也恰恰是她成了损害送水少年自由、平等与尊严的人。一个自居于社会高级地位实际却麻木不仁的女性，成了启蒙者，同时也是伤害者，这种奇怪的扭结状态，反映出来的正是社会转型过程中人的不自信。

这种不自信不仅体现在送水少年的身上，同样也存在于小说中女主人公的身上。在城市与乡村、高级与低贱、文明与落后的二元对立思维模式中，人的生活模式被分出了不同的价值等级，人人都向着价值等级更高的层次竞争，让自己成为生存的适者，虽然在淘汰对手的过程中能够收获某些自尊感，但在更高层次的生存适者面前却又会丧失自尊。小说中的“高级”女人，她也如送水少年一般，曾经生活在社会的底层，住着筒子楼，喝着自来水龙头里的生水，“如今她已为人母，她决不想让她的宝宝喝着水管子里的未达国际标准的生水长大。她的常驻国外做生意的丈夫年节时回家，甚至都水土不服了，烧开的自来水他喝了都会腹泻”。都市生活是送水少年理想的目标，“高级”女人的追求则是“国际标准”，这种以他者的更高的标准作为自己追求的做法，在某种程度上能够促人奋进，但若是在追求更高更好的过程中丢失了自我，人的生活也就失去了灵魂和真正的尊严。尊严，需要别人的认可，却决不能希求别人的施舍。将自尊寄托于别人的身上，实际上就已经丢了自尊的根基。自尊不是可以施舍之物，嗟来之食从来都是戕害自尊的刽子手。人能自尊而后人尊之，唯有自尊自信者方能找到成功之路，开创真正美好的新生活。

作品

清汤面①

刘庆邦

原煤从井下提到装煤楼上，需要先过一遍用钢丝网做成的震动筛。一踏上震动筛，碎煤和块煤相混的原煤仿佛兴奋不已，呈现的是跳跃的状态。震动之后，碎煤漏下去了，筛子上留下的都是块煤。这是选煤的第一道工序，叫筛选。选煤的第二道工序是手选。人手长在人身上，手选当然需要人工。进行手选的都是一些女工，临时工，她们分站在不停运行的皮带运输机两侧，负责把混杂在煤块里的个别矸石拣出来。矸石黑头黑脸，表面像煤，实质不是煤，是石头。一块矸石坏一车煤，只有把矸石拣出来，才能保证煤质的纯净。

向秀玉就是一位在装煤楼拣矸石的女工。她头上包着方巾，嘴上戴着天蓝色的口罩，脸上只露出一双眼睛。向秀玉的目光是锐利的，对矸石零容忍，再隐蔽的矸石都别想逃过她的目光。对拣矸石这个活儿，她早就有了心得。煤是亮的，晶面闪耀着熠熠的微光。矸石是乌涂的黑灰色，暗淡无光。块状的

① 选自《新湘评论》（2014 年 2 期）。刘庆邦，1951 年生于河南沈丘。著有《鞋》《神木》等。

物质从面前的皮带上流过，她目光一扫，就把隐藏在煤块中的矸石捕捉到了。煤是轻的，矸石是重的，哪怕向秀玉闭上眼睛，只用手稍一衡量，就可以分清哪是煤，哪是矸石。有了心得还不够，向秀玉还做到了全神贯注，眼疾手快。心无二用，眼无二用，手无二用，倘若稍一走神儿，矸石就有可能从眼前溜走。上班期间，向秀玉心在眼上，眼在手上，心到眼到，眼到手到，称得上是一个敬业的、称职的拣矸工。

向秀玉上的是白天班，早上 8 点上班，到下午 4 点才能下班。皮带连续运转，她中午怎么吃饭呢？向秀玉对拣矸石在意，对吃饭不是很在意，有空就吃一口，没空就不吃。上班时她会用饭盒带半盒剩饭，或带一个馒头，趁皮带有时空转，她就抓空子吃一点。她手上沾了煤，满手都是黑的，吃饭时，没时间洗手，手一捏馒头，馒头上就沾了煤粉。她和拣矸石的姐妹们都认为，煤是黑的，也是干净的，煤不会闹肚子。所以馒头上捏有黑手印的地方她也舍不得扔掉，连同煤粉一块儿吃了下去。渴了，她拿起矿泉水瓶子，对着瓶口喝一气水。一瓶矿泉水两块钱，她可舍不得花那个钱。矿泉水瓶子是她拣来的，里边装的是她自己烧开后又放凉的白开水。

她自己吃饭可以凑合，问题是，女儿喜莲中午怎么吃饭呢？喜莲在矿上的学校上小学三年级，脖子里用线绳挂着一把白钥匙，中午只能一个人回家吃饭。向秀玉把米饭盛在碗里，放上菜，盖在蒸锅里，让女儿回家后把饭菜蒸热了吃。她们家烧的是蜂窝煤，有时喜莲嫌煤火上来得太慢，不等火苗长起来把锅烧热，凉着就把饭菜吃了下去。当妈的对煤火是有数的，她回家掀开火炉一看，见放在最上面的那块煤还是黑的，就知道女儿中午没有开火热饭。她对女儿说：秋天来了，你吃凉饭可不好，还是把饭蒸热再吃好一些。她还对女儿说：你不要心急，一定要有耐心。树没有耐心，就长不成树；煤没有耐心，就变不成煤；人没有耐心呢，啥事都做不成。我的话你明白吗？女儿点点头，像是明白了。

有一天，向秀玉因上班走得匆忙，忘了给女儿留饭。直到下班回到家，女儿才对她说：妈，你今天没给我留吃的。是的，是的，她昏了头了，竟把给女儿留饭的事忘记了。她自己一顿饭两顿饭不吃都没关系，正长身体的女儿中午没饭吃可不行。她愧疚坏了，也心疼坏了，一把将女儿搂在怀里，眼里顿时涌满了泪水，说对不起，妈妈错了。

女儿说：没事儿，没事儿的。

第二天，向秀玉做出了一个决定，中午不再给女儿留饭，每天给女儿3块钱，让女儿到矿街上的小饭店里买饭吃。

矿上从生产区到生活区有3里多路，一路两旁都盖了房子，形成了一条矿街。街上的房子都是门面房，矿街其实就是商业街。街上卖肉的、卖粮的、卖水果的、卖日用百货的等，称得上应有尽有。矿上的人下班后，从生产区往生活区走，想买什么东西，顺手就买到了。矿街上还有美容美发、洗浴桑拿、足疗按摩、卡拉OK等，你想进去享受一下，没有人会反对。当然了，矿街上的小饭店也不少，胡辣汤、水煎包、羊肉汤、热火烧、米饭、炒菜、馄饨、油条等等，你想吃什么都可以。有的矿工升井洗过澡后，拐进一家小酒馆，要一份水煮花生，一盘凉拌肚丝，喝上二两小酒儿，那是相当地自在。向秀玉把3块钱装进女儿的口袋后，特别跟女儿交代，这个钱专款专用，不许省下钱不吃中午饭，更不许拿这个钱买别的东西。她问女儿：记住了？女儿点点头，说记住了。向秀玉向女儿建议，最好去杨旗阿姨的小饭店买一碗清汤面吃，听说杨阿姨做的清汤面味道很好，也热乎，一碗清汤面的价钱正好是3块钱。

矿上的小学校建在生活区，杨阿姨开的清汤面馆离生活区很近，中午放学后，喜莲遵照妈妈的建议，到杨阿姨的清汤面馆去买清汤面。杨阿姨一见喜莲，样子有些欣喜，说：这不是喜莲嘛，我的孩子！你妈那个小抠儿，怎么舍得给你钱让你出来买饭吃呢！喜莲还没说话，杨阿姨就指了一个座位，让喜莲坐下，说阿姨马上给你下面吃。

喜莲掏出3块钱，递向阿姨，说：杨阿姨，给你钱。

杨阿姨没有接钱，说：钱你先拿着，等吃了面再给钱。

喜莲看见了，杨阿姨身边案板上放的面不是机器轧的面，也不是手擀面，而是一大块和好醒好的面坨子。杨阿姨揪下一块面，在案板上搓巴搓巴，搓成一根圆圆的面棍，双手就开始抻面。杨阿姨抻面抻得很熟练，也很好看，她张着双臂，一折一抻，一折一抻，面就抻细了。当把面抻得像粉丝一样，杨阿姨就把细丝面下到锅里去了。杨阿姨备有两口锅，一口大锅，一口小锅。大锅稀饭小锅面，是说大锅熬稀饭好喝，小锅下面条好吃。杨阿姨的大锅里熬的却不是稀饭，是棒骨汤。棒骨汤一直滚得咕咕嘟嘟，需要下面时，杨阿姨把汤舀到小锅里，用小锅下面。面里不放肉，也不放什么菜，起锅时只放一点芝麻油腌制的葱花。杨阿姨把做好的一碗面端到喜莲面前的小桌上，对喜莲说：汤热，慢慢吃，别烫着。喜莲先尝了一点汤。别看汤是清汤，味道却十分鲜美。一碗清汤面，把喜莲吃得汗津津的，小脸儿都红了。

吃完了面，喜莲付给杨阿姨钱时，不料杨阿姨说：阿姨不收你的钱，钱你自己留着吧，可以买本买笔。

喜莲说：那不行，我妈知道了会骂我的。

杨阿姨说：你这孩子，回家别跟你妈说嘛。好了，吃饱了就回家吧，别耽误上学。

平日里，喜莲帮妈妈买东西，哪怕剩下一毛钱，一分钱，她都会及时交给妈妈。她吃了面，杨阿姨没收她的钱，要她别告诉妈妈，那是不可能的。妈妈下班回到家，喜莲一见到妈妈，就把杨阿姨不收她饭钱的事对妈妈说了，并把3块钱掏了出来。向秀玉没有吵女儿，她心里一沉，马上就明白了怎么回事。自从孩子的爸爸在井下的瓦斯爆炸中遇难后，周围的人对她和她的孩子就不一样了。中秋节还没到，张师傅就给她们家送来了一盒月饼，说儿子给他买的月饼他吃不完，就请她和喜莲帮帮忙，把月饼消灭掉吧。秋风刚凉一点，王奶奶就给喜莲送来了一件布衫和一条裤子，说布衫和裤子是她孙女穿过的旧衣服，如今孙女长高了，衣服穿不着了，就送给喜莲穿吧。她一看，哪是旧衣服，分明是刚从商场买回的新衣服。她本来没有工作，矿上为了照顾她们家的生活，就在装煤楼上给她安排了一份拣矸石的活儿，每个月可以挣1 000多块钱。更让向秀玉想不到的是，某个早上，她开门一看，门口放了一壶花生油和一兜刚掰下来的嫩玉米，她至今也不知道是谁送的。不用说，喜莲去杨旗的面馆吃面，杨旗不收喜莲的钱，也是同情孩子照顾孩子的意思。可是，下雨还水，播种还苗，哪有吃饭不花钱的道理呢！向秀玉又拿出3块钱，和上次给的钱加在一起是6块，口气严肃地对女儿说：你明天中午再去吃饭，一定要把这6块钱一块儿交给杨阿姨。每个人都要吃饭，但不能白吃饭。花自己家的钱买饭，饭吃起来才香。你爸虽说不在了，国家给你发的有抚恤金，妈妈也挣着一份工资，咱们家的生活不会有问题。吃个饭连钱都交不出去，这怎么能行呢。你不能太面，给杨阿姨交钱时态度要坚决一些，你就说，杨阿姨，你不收我的钱，我以后就不来你这儿吃饭了！

第二天下午，向秀玉下班回到家，喜莲一见她就哭了，哭得很伤心的样子，一边哭，一边说：妈妈，妈妈，我明天不去外边买饭吃了，中午我不用吃饭了。

向秀玉一听就知道，喜莲又没有把钱交出去，她说：好了，别哭了，小孩子总是拗不过大人，这事儿也不能全怪你。擦擦泪，写作业去吧，我去找你杨阿姨。

去找杨旗之前，向秀玉重新梳了头，洗了脸，换上了一件白色的外套。她在装煤楼上班，一天到晚跟煤打交道，跟矿工在井下采煤差不多，弄得身上脸上都是黑的。每天下班后，她来到矿上的女工澡堂，都把自己洗得干干净净。煤里有油分，沾在皮肤上很难清洗，特别是眼圈儿、鼻洼儿和鼻孔，稍不仔细，就会留下煤的印迹。她总是洗了又洗，把小拇指伸进鼻孔里，连鼻孔都洗得一尘不染。家里的顶梁柱倒了，她得把责任接过来，把这个家支撑起来。丈夫走了，她的心气儿不能散，更不能丢，得打起十二分的精神，笑着面对生活，面对未来。她对着镜子，还把项链戴上了。丈夫曾是矿上的劳动模范，有一年矿上组织劳动模范到海滨疗养，丈夫回来时就给她买了这串项链。项链是用珍珠串成的，每一粒珍珠都闪耀着晶莹的光辉。

来到杨旗的面馆，向秀玉见杨旗一个人忙上忙下，顾不上收拾放在餐桌上的饭碗，暂没提还钱的事，先替杨旗收拾碗筷，擦桌子。

杨旗说：秀玉，你别动手了，看你穿得周武郑王的，像赴宴一样，把你的衣服弄脏了怎么办！

向秀玉说：什么像赴宴的，我就是来赴宴的。你不请我，我只好自己来。

你帮我干活儿，我怎么给你开工资呢？

杨姐的生意这么好，你给我一个金马驹子，我也不反对。向秀玉看见了，来面馆吃饭的人不少，座位都坐满了。后来的人没空位可坐，就站在那里等座位。矿街上的饭店不算少，他们为啥非要吃这一口呢！

杨旗说：我正想找你跟你说呢，我看你别去拣矸石了，成天煤一身汗一身的，也挣不了多少钱。你过来给我打下手吧，姐保证让你比在装煤楼上拣石头挣得多。拣石头又不是拣元宝，有什么可拣的呢！

向秀玉说：我就是一个拣石头的命，你让我拣元宝，我还不敢呢！她把碗筷收拾到一个大盆子里，接着就用清水清洗。把一批碗筷洗干净，她才把6块钱掏出来，说：这是我女儿这两天在这里吃饭的钱，请杨姐收下。

杨旗一见向秀玉掏钱就急眼了，她一急眼，眼泪就在眼里打转转，她说：秀玉妹子，你不能这样，你要是跟姐分这么清，姐就不理你了。

向秀玉说：杨姐你得理解我，我不能让孩子惯下毛病。

杨旗说：咱两个，你是谁，我是谁？你的孩子就是我的孩子。自家孩子在这里吃碗面条，我让孩子花钱，我还有一点人心吗！别的我不说，谁让咱姐妹是一样的命呢！

当着饭馆那么多人，向秀玉没让杨姐说下去。杨姐的丈夫和向秀玉的丈夫是同一场事故遇难的，那场事故死了 80 多人。提起那场突如其来的事故，向秀玉担心，她们都管不住自己的情绪。向秀玉硬起心肠，把钱放在杨姐面前的灶台上，说：杨姐，孩子的路还长，我不能跟她一辈子。我想让她从小就能够自强，能像别的孩子一样过正常的生活，不能让孩子成为例外，变成可怜虫。这 6 块钱，你一定得收下。你要是收下，我明天还让孩子来你这里吃饭，你要是不收，我再也不会让孩子到你这里吃饭了。

杨旗只得妥协，说好好好，这个钱我收下。明天一定还让孩子过来吃饭啊。我这个妹子哟，真是个一根筋哪！

喜莲再去清汤面馆吃饭时，杨阿姨倒是没有拒绝收她的钱，但她给喜莲下面时，另外加了一个荷包蛋，埋在了面条下面。喜莲用筷子一挑面条，白生生的荷包蛋扑棱就跳了出来。喜莲知道杨阿姨是额外照顾她，样子有些为难，她说：杨阿姨，我不爱吃鸡蛋。

杨阿姨走过来小声对她说：傻孩子，你正是长身体的时候，吃鸡蛋会增加营养。赶快吃了吧。

喜莲说：我真的不爱吃鸡蛋。喜莲把面条吃完了，把清汤喝干净了，独独把荷包蛋留在了碗里。

晚上见到妈妈，喜莲对妈妈说：杨阿姨在面条碗里给我卧了一个荷包蛋。

妈妈问：你吃了吗？

喜莲说：我没吃。别人碗里都没有荷包蛋，只有我自己碗里有荷包蛋，我不能吃。

妈妈有些感动，说：不吃是对的，喜莲真懂事，真是我的好孩子。

喜莲提出，她明天中午不去杨姨的面馆吃饭了，她一去吃饭，杨阿姨老是看着她，别的吃饭的人也光看她，看得她头都不敢抬。

妈妈同意了。妈妈给了喜莲 5 块钱，建议喜莲到另一家羊肉烩面馆去吃烩面，一碗烩面 5 块钱。

中午放学后，喜莲没有去吃羊肉烩面。烩面5块钱一碗，她觉得太贵了。她去一家卖馄饨的小饭店，花两块钱买一碗馄饨，再花5毛钱买一个火烧，就吃饱了。这样，妈妈给她的钱可以省下一半，5块钱够她吃两天的。

喜莲把省下的钱拿给妈妈看。妈妈问她中午吃饱了吗？她说吃饱了，吃得挺饱的。妈妈要她一定要吃饱，不要想着为家里省钱。

喜莲说：有的同学中午不好好吃饭，只啃一包方便面。

妈妈说：干啃方便面不好，方便面里没什么营养，里面还有防腐剂。

喜莲说：妈，你中午也不能光吃凉饭，得把饭热一热再吃才好。

妈妈心中的热浪翻了一下，说：你不用管我，管好你自己就行了。

一天晚上，杨旗找到向秀玉家里来了，她进门就说：秀玉，我错了，你骂我吧！

向秀玉说：没什么，孩子不过是想换换口味。就算你做的清汤面再好吃，孩子也不能天天中午吃面条吧。

杨旗说：还是让孩子到我那里吃饭吧，我不少收孩子一分钱还不行吗，我再也不给孩子碗里打鸡蛋了还不行吗！孩子再不去我那里吃饭，说不定哪一天我的面馆就停办了。

向秀玉问：这话怎么说的，有谁为难你了吗？

杨旗说：不是有谁为难我，是人家对我太好了，我有点受不了。杨旗随口举了几个例子。有一个人吃了一碗面，给了她10块钱。她正低头在钱盒里给人家找钱，人家摆摆手就走了，喊都喊不回来。还有一个人吃了一碗面，一下给了她100块钱。那人管她叫嫂子，不让嫂子找钱，说100块钱预存在嫂子账上，他还会来吃面，吃一次，嫂子扣除一次就是了。可是，好多天过去了，那个叫她嫂子的人再也没到面馆露面。她一开始每天和10斤面，不够卖。后来每天和30斤面，还是不够卖。现在她才明白了，那么多人到她的面馆吃饭，不是因为清汤面有多好吃，是矿上的人在抬她的生意。杨旗说：再这样下去，我得欠矿上的那些弟兄们多少情啊！

向秀玉没有说话，她一手捂嘴，转过脸去，眼泪簌簌地流了下来。

杨旗说：秀玉，我的面馆不能再开了，你跟矿上装煤楼的领导说说，我跟你一块儿去拣矸石得了。

向秀玉轻轻摇摇头，还是没有说出话来。

赏读

什么是人所不能承受的？对于这个问题的答案，一般来说，人们都会认为是苦难。文学创作中，祥林嫂、子君、侍萍、屈原等人物形象都遭受了人生中难以承受的苦难，由此酿成了人生的悲剧，结果这些人物不是走向死亡便是疯掉了。然而，刘庆邦的短篇小说《清汤面》却揭示出人生中还有一些不能承受之重。小说中，开面馆的杨旗说："我有点受不了"。而受不了的原因，却是因为周围的人对她太好了。温情，就是杨旗的不能承受之重。

在鲁迅的散文诗《过客》中，也曾将温情作为不能承受之重进行过叙述。跋涉前行的过客，路过爷孙俩居住的小屋，小女孩给他端来水，给他拿来裹伤的布条。过客本来想要感谢小女孩的好意，继而又觉得这份温情对他来说过于"沉重"。鲁迅的《过客》突出的是绝望的反抗，所以过客要拒绝小女孩对他表现出来的温情；刘庆邦的《清汤面》要为人间温情谱写一曲赞歌，杨旗等对别人表现出来的温情觉得有点受不了乃是因为心怀感恩。对于绝望的反抗者来说，温情是不可留恋的，那会成为反抗者难以承受的重负；刘庆邦着眼的是艰难生活中人们的互助互爱，渴望温情能够充满人间，人生到处都洋溢着爱的光辉，这就不仅需要有爱的付出，还要有对于爱的感恩。杨旗所说"受不了"是别人对她那样好，与过客的意欲拒绝温情完全两样。作为一个普通人，杨旗怀有一颗感恩之心，又有自立自尊之心，能够领受别人的温情，却不愿意生活在别人的怜悯和照顾之下。人能自尊而后人尊之，人尊之而自己则要更加自尊自爱。这才是一个良好的情感循环过程。

小说《清汤面》的故事很简单，叙述聚焦于遇难矿工的家属：一户是在选煤楼拣矸石的女工向秀玉和她的女儿喜莲，一户是在矿区街道上开了一个清汤面馆的杨旗。小说通过喜莲吃清汤面这样一个平凡而不普通的日常生活故事，深刻地展示了矿区几个普通人善良美好、乐观向上的高贵品格。

向秀玉是拣矸石的女工，自己上班时准备的饭食很随意，但对自家上小学三年级的女儿喜莲的午饭却从来不凑合。开始的时候，她总是做好了饭菜放在锅里，女儿放学回家后自己热一下就可以吃了。有一次她忘了为女儿准备午饭，非常内疚，便决定每天给女儿三块钱，让她中午放学后去杨旗的清汤面馆吃面。这本来是一件很正常的事情，但故事的发展总是让人感到意外。开面馆的杨旗阿姨不收喜莲的饭钱。喜莲的妈妈向秀玉知道后，便自己去店里把钱交给杨旗，明言不收钱便不让女儿来这里吃面。杨旗没办法，只好收下。喜莲再来吃面时，碗里却比往常多了一个荷包蛋，她回家告诉了母亲，并且提出不再去杨旗阿姨店里吃面了。小说随后揭开了人们相互照顾的主要原因：在一起事故中，向秀玉和杨旗二人的丈夫都遇难了，事故发生后，向秀玉得到了许多好心人无私的帮助，有人送月饼，有人送衣服，还有不留名的人把一桶油和一兜玉米放在门口。杨旗也是，光顾面馆的都是矿工，他们吃了一碗面撂下十块钱就走了。有人交了一百块钱说好了再来吃，却好长时间没有露面。这种相依相怜的情感相互感染，彼此传递，没有人说出来，大家心里都明白。在艰难的生存环境下，矿工以及他们的家属之间这种特有的依存关系，正是这篇小说的情感力量，推动着小说情节的发展，也让这篇小说充满了艺术的感染力和人性的魅力。

《清汤面》的故事不是发生在都市，而是发生在矿区，发生在那些纯朴善良的矿工和家属中间，这就让小说的情节多了一份自然，多了一些合理，多了一些与众不同。小说情节简单，主要写了三个人物、两个场景，作者没有给读者刻意地展现工亡家属多么艰难困苦的日子，而是用友爱和善意的眼光打量着矿工和家属，通过他们之间自然而然的交往展现底层生活重压之下的人们的心灵之美、人性之美。看似平常的清汤面却演绎了一场爱的情感剧，小说表面上是写清汤面，其实是写矿工的大爱和矿山女人的善良。从始至终，小说的语言十分平淡，没有跌宕起伏的情节，却有着博大的人道主义胸怀、深沉的悲悯情怀。

切磋琢磨

1. 中国的国民性问题是最受20世纪中国知识分子关注的焦点话题。美国的阿瑟·史密斯（又译明恩溥）所著《中国人的气质》，影响了鲁迅等一代中国知识分子，促使许多现代作家形成了改造国民性的思想。但是，也有一些西方学者称赞过中国人的国民性，如卢梭、海德格尔等。请同学们试着找一下外国人对中国人国民性的不同认识和评价，分别列出正面和负面的评价，并思考他们做出这种评价的原因。

2. 1949年10月1日，毛泽东主席在天安门城楼上宣布：中国人民站起来了！然而，身体上挺直腰杆的中国人，在国民性素质建设方面依然有很长的路要走！国民性问题不容忽视。

在进入21世纪的今天，中国的经济、科技等诸多方面的发展都已经走在了世界的前列，但是邹容、鲁迅、胡风等现代知识分子提出的奴隶根性、国民劣根性等问题，却并没有完全消失，依然存在。随着国民收入的增加，近年来越来越多的中国人出国旅游，但旅游过程中少部分人暴露出来的国民素质却令人担忧。请同学们试着总结其中原因，并比较其与20世纪知识分子们所抨击的国民劣根性的异同。

3. 邹韬奋谈到许多学英文的人，遇了用得着的时候，总怕开口，所以学校里有的请了外国人教英文，遇着师生聚会或宴会的时候，常有一堆学生躲来躲去，很不愿意和他同席，更不愿意和他多谈。这是什么缘故？也许是因为他觉得自己说得不好，怕出丑，这就是害羞。邹韬奋认为，害羞，不敢开口，不仅会阻挡人的学习进步，还会使人不知不觉中走向“伪”的一条路上去。铁凝在小说中叙述了一个农村少年，由于害羞，他努力地打扮自己，结果却因此而将自己的生活弄得一团糟。

害羞，是人的天性，源于人对自身有缺陷、不完美的认识和自我评价。中国传统文化认为，唯有知耻，而后才有自尊。孟子说：“羞恶之心，义之端也。”康有为也说：“人之有所不为，皆赖有耻心。”没有羞耻感，或太过强烈的羞耻感，都不利于人的健康成长。结合自身的经历，谈谈害羞（羞耻）与人的尊严及健康成长之间的关系。

4. 王国维说：“有境界自成高格。”叶挺的《囚歌》便是如此。借诗以言志，诗中自有浩然气。仔细阅读叶挺的《囚歌》，体会诗中蕴含的革命英雄气质，试着以书信的形式将诗中所表达的思想情感转述出来。信可以写给亲人、朋友等，要求能够体现原诗的意象和意境，语言流畅，符合书信体的格式，不少于400字。

成功离不开自信

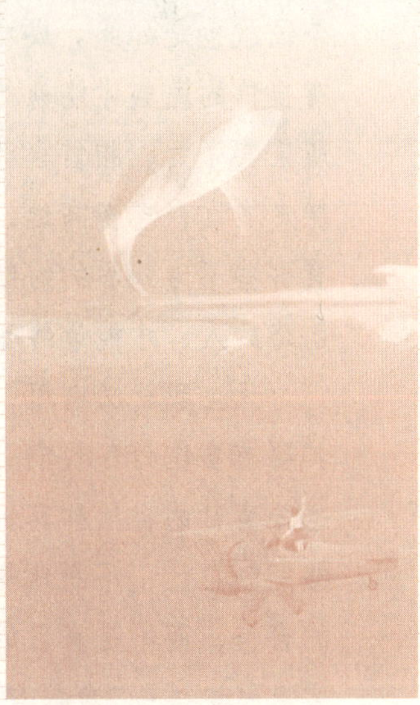

导读

“长风破浪会有时，直挂云帆济沧海。”“大鹏一日同风起，扶摇直上九万里。”“海到无边天作岸，山登绝顶我为峰。”“自信人生二百年，会当水击三千里。”在中国诗人们的笔下，总有许多脍炙人口的诗句让我们树起自信，让我们相信只要坚持和努力，终有一天就会走向成功，实现人生的梦想。

王造时在《恢复民族的自信力》中说：“一个人，如果倒了志，失掉自信力，自己看不起自己，觉得前途绝对没有希望，必定自暴自弃，萎靡不振。结果不是倾家荡产，自杀了事；便是消极忧伤，糊涂偷生。反之立志向上，自尊自重，认为前途不可限量的人，他的人生观必定是积极的，他的精神必定是奋发的，他的目的必定是高尚的，他的计划必定是远大的，他的行为必定是有意义的。遇到困难，他可以打开，遇到挫折，他可以忍受，遇到失败，他可以再起。结果最后他大概是一个成功的人。”一个人是如此，一个民族也是如此。成功离不开自信，只有自信的人才能抵达成功的峰顶，只有自信的民族才能巍然屹立于世界民族之林。这些都是在历史上被无数事实所证实了的。相信自己，是要给自己树立一个远大的目标。心有多大，人就能走多远；志怀高远，人生才能焕发出耀眼的光彩。在追求成功的路上，只有那些不为外界的纷纭议论所左右、听从内心的声音、相信自己、坚持走自己路的人，才能最终叩响成功的大门。

天生我材必有用，伟大的物理学家居里夫人曾说：“我们应有恒心，尤其要有自信心！我们必须相信，我们的天赋是要用来做某种事情的。”自信也分盲目的自信和真正的自信。真正的自信首先在于能够自胜，自胜就是能够克制自己，不断地超越狭隘的盲目的自我。自胜者强。我们需要的是明智的自信，而不是盲目的自信。盲目的自信不是真正的自信，是自大或自负。梁启超说过：“自信与骄傲有异；自信者常沉着，而骄傲者常浮扬。”真正的自信不是靠嘴巴说的，不能只是停留在空想中，而是应该知道自己何以自信并且能够付诸实践检验的。孟子在《劝学》中说："蚓无爪牙之利，筋骨之强，上食埃土，下饮黄泉，用心一也。"弱小的蚯蚓知道自己的长处和短处，追求上食埃土下饮黄泉而不是在太阳底下暴晒，只有找准了自己的人生位置，自信才不会成为盲目的自信，人生的努力才有其用武之地；用心专一，就是知道理想的可行性，相信自己能够成功，并为此坚持不懈地努力奋斗。自信的人不会为一时的成功而骄傲自满，也不会因为一时的失败而感到气馁。一时的胜负并不能决定人的一生，人生的价值和意义也并不完全由外在的胜负决定。世间通往成功的道路有千万条，人生的选择自然也可以多种多样，但是成功却只会垂青那些能自信且能持之以恒地为之奋斗的人。"苦心人，天不负，百二秦关终属楚；有志者，事竟成，三千越甲可吞吴。"

不自信的人往往总是倾向于怀疑自己，羞于在人前展示自己，表现得有些自卑，给人比较拘谨的感觉。与之相反，自信却能够让人由内而外地散发出诱人的光彩。"腹有诗书气自华"。中国诗词大会上，复旦附中高一女生武亦姝出口成章，如空谷幽兰，光彩照人；犹记撒切尔夫人的模特照，在杂志上的她，完美亮相，始终传递着一种无懈可击的信号，因为自信，所以动人。这种风度，这种气质，成为永恒的经典。在我们周围，也有许许多多自信的人。当同学们抢先举手回答老师的问题时，当演讲的同学自信满满地站在舞台上，当跳舞的同学在舞台上翩翩起舞时，他们的一举一动、一颦一笑，都洋溢着别样的风采，诠释了什么叫作"优秀""成功"。

本单元所选五篇文章，从不同的角度阐述了自信的重要性。在艰难的抗日战争相持阶段，冯至想起了杜甫，在中国传统文化中寻找民族自信的基因。因为自信，杜甫坚持自己的人生选择，不肯同流合污，不为世俗困境所屈，在别人畏于艰难的时候，杜甫反而自趋于艰难，经历几千年的洗礼，仍然在"同"与"异"两个方面给后人提供精神的滋养。因为自信，小青蛙奋力游泳，除了为自己挣得一线生机外，还给予他人希望与力量。因为自信，艺术家们在"善妒"的驱使下，推动人类艺术一次又一次刷新出以前不敢想象的成绩。因为自信，孙少平超越了出身的局限，并鼓励自己的妹妹要追求更高的人生意义，而孙兰香则在孙少平的引导下也树立了自信心，有了更为远大的人生理想。北岛相信世上没有什么是注定不变的，更坚信自己的所信必定不会是虚空，并愿意为此牺牲全部的自己。

作品

杜甫和我们的时代①

冯　至

杜甫的死年距离我们现在已经有一千一百七十五年。在这长久的时间内，中国经过许多变化，我们眼前的世界自然不是杜甫所看过的世界了，但是杜甫这个名字对于我们却一天比一天更为亲切起来。尤其是近几年，杂志上常常见到关于杜甫的文章，书局里有关于杜甫的书籍出版，学术界也常有关于杜甫的讲演，使人感到，拨开那些诗话与笔记之类在他周围散布的云雾，而露出他的本来面貌与真精神的时日好像快要到了。

一个过去的诗人在百年后，甚至千年后，又重新被人认识，又能发生作用，在文学史上是数见不鲜的事，人们把这现象称作“某某的再生”。所谓再生，按照情形的不同，有的由于“同”，有的由于“异”；前者是一个时代的精神在过去某某诗人的身上发现同点，起了共鸣，后者是一个时代正缺乏某某诗人的精神，需要他来补充。以近三十年而论，在民国十年左右，青年人的情感经过“五四”运动得到解放，但是无论在

① 选自《冯至作品新编》（人民文学出版社 2009 年版），有改动。冯至（1905—1993），中国诗人、学者。原名承植，字君培，直隶涿州（今属河北）人。著有《昨日之歌》《山水》《伍子胥》《杜甫传》等。

政治上或社会上以及两性的关系上都不易寻得出路，于是陷入感伤的或彷徨的状态，所以后主词，《漱玉词》，甚至《饮水词》和《两当轩集》都成为当时一般青年心爱的读物。这是由于“同”。至于同时兴起的对于屈原的不断的研究与推崇，可以说是由于“异”，因为《楚辞》里那样丰富的想象，强力的表现，浓挚的深情，正是当时所缺乏的。再以介绍西洋文学而论，在为自由而战斗的高潮中，谁不会神往于拜伦的英姿呢，等到情感泛滥得不可收拾时，歌德也有人感到需要了。——这“同”与“异”的两个因素，我们不愿意估计它们价值的高下，但如果我们给它们下一个比喻，那应由于“同”者，有若寻友，由于“异”者，有若求师。寻到了朋友，可以哀乐共享；可是得到了良师，就不是那样简单了，自己还要经过长期的努力，才能有所获得。

现在我们虚心和杜甫接近，因为无论由于同，或是由于异，我们两方面都需要他。在“同”的方面，我们早已片断地认识杜甫了；当国内频年苦于军阀的内战，非战思想最普遍时，《兵车行》一类的诗成为学校中流行的读物；在社会主义思想介绍到中国的初期，“朱门酒肉臭，路有冻死骨”的名句则一再被人引用，引用者甚至有的不知道这两句诗的出处。可是抗战以来，无人不直接或间接地尝到日本侵略者给中国人带来的痛苦，这时再打开杜诗来读，因为亲身的体验，自然更能深一层地认识。杜诗里的字字都是真实：写征役之苦，“三吏”、“三别”是最被人称道的；写赋敛之繁，《枯棕》、《客从南溟来》诸诗最为沉痛；“生还今日事，间道暂时人”，是流亡者的心境；“安得广厦千万间……”谁读到这里不感到杜甫的博大呢；由于贫富过分的悬殊而产生的不平在“无贵贱不悲，无富贫亦足”这两句里写得多么有力；“丧乱死多门”，是一个缺乏组织力的民族在战时所遭逢的必然的命运。这还不够，命运还使杜甫有一次陷入贼中，因此而产生了《悲陈陶》、《悲青坂》、《春望》诸诗，这正是沦陷区里人民的血泪，同时他又替我们想象出，一旦胜利了，那些被敌人摧残过的人民必定快乐得“家家卖钗钏，只待献香醪”。(可惜我们现在很使那些只待献香醪的人们失望!)

我们读这些名诗与名句，觉得杜甫不只是唐代人民的喉舌，并且好像也是我们现代人民的喉舌。同时我们却也惊心地看到，中国的文化在这一千多年内实在陷入一种停滞的状态，这中间尽管有过两宋的理学、清初的汉学、晚明（那个黑暗时代）的所谓性灵文学，而这些与一般的人民是不相干的，一遇变乱，人民所蒙受的痛苦与杜甫的时代并没有多少不同。由于这些“同”，我们需要杜甫，有如需要一个朋友替我们陈述痛苦一般。但是如果我们不止于此，再往下想一想，为什么与杜甫同时而又与杜甫同享盛名的李白与王维就不能这样替我们说话，他们不是同样经过天宝之乱吗？这样一问，杜甫就不只限于是我们的朋友了，他对于我们已经取得了师的地位。在这一点上，也许我们更需要他。

杜甫在秦州，囊空如洗，只“留得一钱看”时，写过这样两句：“世人共卤莽，吾道属艰难。”诚然，在当时，无知恶少都可以“谈笑觅封侯”，“乡里小儿狐白裘”更不是难事，杜甫舍此不求，而自趋于“艰难”，这是他认定的道路。另一方面，他“非无江海志，萧洒送日月”，他在他的诗里也屡屡提到“庞德公”，对于隐逸生活不但称赞，有时还羡慕，但是他不能这样生活。他四十四岁时“穷年忧黎元，叹息肠内热”，到五十五岁经过十多年流离的痛苦，仍然是“不眠忧战伐，无力正乾坤”，他之所以这样，正因为“葵藿倾太阳，物性固难夺”，这是他的性格。他坚持他的性格，坚持他的道路，在他深深地意识到“吾道竟何之”，“处处是穷途”时，则宁愿自甘贱役，宁愿把自己看成零，看成无，——但是从这个零、这个无里边在二十年的时间内创造出惊人的伟大。这样的生活态度，在中国的诗人中是少有的，怕只有屈原能与之相比。这里边没有超然，没有洒脱，只有执著：执著于自然，执著于人生。中国的自然诗很多，但是有谁写过像杜甫从秦州经同谷到成都一路上那样的纪行诗，使人“始知五岳外，别有他山尊”的呢？这是一段艰险的路程，这些诗不仅是用眼看出来的，也不是用心神会出来的，而是用他饥饿的身躯一步一步走出来的。在中国诗人中更有谁把一个时代整个的图像融汇在像杜甫在天宝之乱前后与夔州以后所写的那样的长篇巨制里的呢？只有做人执著，做诗也执著——“语不惊人死不休”——的人才会有如此惊人的成绩。

杜甫不但毫无躲避地承受这些“艰难”，他还专心一意地寻找“艰难”。“或看翡翠兰苕上，未掣鲸鱼碧海中”，掣鲸鱼于碧海，是艰难的工作，他却执著地要这样做。因此动物界里的马与鹰，自然界里的大江与落日，在他的诗里都得到适当的地位；人间的悲壮感与崇高感在他的诗里也得到充实的表现。另一方面，他并不缺乏翡翠兰苕的优美感，他写过“细雨鱼儿出，微风燕子斜”，他写过“鹅儿黄似酒，对酒爱鹅儿”，但这只是他暂时的休息，正如他走入某寺院，游某山庄，精神上感到一时的舒快一般，走出来他面前仍然是艰难的现实。这类的诗，以他在长安任左拾遗与初至成都时写得最多，（这两个短期也诚然是他生命里两段暂时的休息）——就是这一部分诗也足足抵得住一个整个的王维！

杜甫由于这种执著的精神才能那样有力地写出他所经历过的山川，那样广泛地描绘出他时代的图像，使我们读了他的诗，觉得他比他同时代的任何一个诗人都亲切。我们所处的时代也许比杜甫的时代更艰难，对待艰难，敷衍蒙混固然没有用，超然与洒脱也是一样没有用，只有执著的精神才能克服它。这种精神，正是我们目前迫切需要的。

赏读

如何对待我们的传统文化，传统文化与我们的时代有着怎样的关系？冯至的这篇《杜甫和我们的时代》对上述问题做出了深刻的富有启发性的思考。

鸦片战争以来，国门大开，西方文明涌入中国，华夏文明受到前所未有的剧烈冲击。洋务运动、戊戌变法、辛亥革命，国人努力通过各种方式想要使国家富强起来，可是结果却只有失望。人们的思想，渐渐地从晚清时期的中体西用转向了“五四”新文化运动时期的全盘西化。“五四”新文化运动期间，傅斯年等都曾竭力倡导全盘西化，鲁迅给中国青年提出的建议是少读甚或不读中国书，一时之间，传统文化似乎成了中国贫穷落后的罪魁祸首；“文化大革命”期间，轰轰烈烈的破四旧运动，更是让国人离传统文化更加遥远。曾经有那么一段时间，在奔向现代化的旅程中，国人维新是务，而西方被视为新（现代）的代表，传统文化则被看成了走向现代化的羁绊，避之唯恐不及。

改革开放以来，尤其是进入21世纪后，中国再度焕发蓬勃的生机，发展势头迅猛，成为世界稳定的中坚力量。国家的强盛，带来民族文化的自信。从世界范围来看，则是早在“亚洲四小龙”崛起的时候，人们就已经在重新思考儒家文化与现代社会的关系。传统文化，并不必然就是现代化的绊脚石，关键在于我们如何看待自己的传统，重新建构我们的传统。时至今日，传统文化成为社会上的热门话题，好坏羼杂的“国学热”日见升温，这显示了当下中国人的文化自信。然而，在回归传统、重拾自信的过程中，也应小心谨慎，以拿来主义的态度，汲取传统文化的精华，剔除传统文化的糟粕。

郭沫若在《水与结晶的溶洽》中说：“有人主张‘中国本位’的，这是半封建的意识。有人主张‘全盘接受’的，这是买办意识。我们目前应该‘批判地’来接受，接受遗产中的精华分子。”借用鲁迅的话说，就是不管是外来文化还是中国传统文化，我们都应该采取拿来主义的态度。我们重新发掘中国文化传统，再拾文化自信，并非是为了回到过去，而是在新的时代基点上重新审视传统，目的是重铸文明，再造辉煌。回首过去，目的是为了更好地展望未来，创造新世界。

冯至的《杜甫和我们的时代》发表于1945年7月，正值抗日战争胜利的前夕，虽然已经能够看到抗日战争胜利的曙光，却还是黎明前最为黑暗的时刻。如何在最艰难的时刻增强中华民族的凝聚力，在黑暗中寻找光明，重建民族的自信心，优秀的知识分子纷纷做出了自己的思考。在《杜甫和我们的时代》一文中，冯至通过介绍杜甫的诗与生平经历，由此谈到杜甫的精神境界，并将其与自己所处的时代做对比，鼓励人们以执着的精神应对时代的艰难。

文章起笔，作者用当时社会对于杜甫态度的变化引出叙述对象，接着分析时代变迁对文学作品的精神需求，并提出“由于‘同’者，有若寻友，由于‘异’者，有若求师”的观点，为下文对杜甫诗的出场和分析做了铺垫。接下来，文章引入杜甫作品及其经历，诉尽了战乱之苦。这一段论述了杜甫和“我们的时代”的共同点，当时正处于抗日战争时期，日本侵略者给人们带来了深重的痛苦和灾难。

随后，作者又通过同时代的李白、王维对当时社会影响力的对比，阐述“异”的方面，提出杜甫更高明之处，指出杜甫对“我们的时代”的重要意义。在这里作者列举了杜甫的优秀品质进行分析。杜甫不为世俗的名利放弃高尚的道德追求，不因隐逸生活的诱惑放弃对国事的关心，不因生活的流离放弃对人民的担忧。杜甫不但毫无躲避地承受这些“艰难”，他还专心一意地寻找“艰难”。杜甫有“语不惊人死不休”的执着精神，故能将“一个时代整个的图像”容纳在其诗歌创作之中，成就其“惊人的伟大”。

最后，作者承接上文，指出当前是更艰难的时代，人们缺乏像杜甫那样执着的精神。正是执着的精神使杜甫“取得了师的地位”，唯有这种执着的精神，才能帮助人们克服艰难，战胜艰难！

冯至引用了大量的杜甫诗句分析杜甫，引用准确，富有文采，有理有据，使得所分析的内容更加真实可感。全文主旨明确，脉络清晰，从“杜甫再生”的现象引入，到杜甫诗句和生平的论述，再进而阐述杜甫的精神对当时社会的作用，由浅入深，层层递进，有说服力，可读性强，易被读者接受。

杜甫所处的时代，需要执着的精神；艰难的抗日战争时代，需要执着的精神；在21世纪的今天，我们要实现中国梦，解决社会主义建设所面临的种种难题，同样需要执着的精神！执着是一种优秀的品质，这种优秀的品质不仅仅属于一个时代，它在任何时代中都有自己的价值，会一直在历史的长河中熠熠生辉。

作品

人格的核心是自信[①]

刘　丹

小青蛙的故事

从前有两只小青蛙，溜到农民的房子里玩。它们站到一个坛子沿儿上跳舞时，不小心掉到里面。里面装的是黏糊糊的油，它们想跳出来，油太黏；想爬出来，壁太滑。几经尝试，没有结果。青蛙A边游边想，看来今天是没有希望了，怎么也出不去了。反正也没希望了，还游什么呢？这样想着，四肢越发划不动了。

而青蛙B呢？它想，今天真糟糕，怎么都出不去。可是，还是继续游游看吧，也许会找到办法。四肢虽然很累了，可它还是坚持游着。边游边想，只要还有力气，不管怎样，我都要游下去。就在它几乎划不动了的时候，后腿碰到了坚实的固体。原来，黄油在它的不停搅动下凝固了。后来，青蛙B踩在黄油上跳出了坛子，独自回家了。

---

① 选自《少年科技博览》（2003年04期），有改动。刘丹，北大心理学系博士，清华大学心理咨询中心临床督导。

人们为什么喜欢自信的人

小青蛙的故事是我多年前看的，总不能忘怀。我喜欢青蛙 B，因为在它身上散发着自信的魅力。很多时候，我遇到困难，失去信心，几乎绝望地要放弃，一想到它，我总能轻松地笑出来，并做些什么来改变现状。如果你不坐以待毙，结果常常是曲径通幽，柳暗花明。

生活中，人们大都喜欢自信的人。因为绝大多数人都了解自己有这样那样的弱点，有或重或轻的自卑心理。在面临困难和险境时，自信的人常常是值得信赖并能给人以希望的。即使他们不能帮助自己解决问题，至少也总是带给你信心和希望。与自信的人在一起，困难只是生活中一次不同的体验而非大祸临头。

什么样的人有自信

所谓人格，指的是人的稳定心理特征的总和。听起来有点高深，实际上，稳定性的含义是，人们在不同情况下所表现的同样的、常规的状态。比如，有人不管在顺境和逆境，都能抱着坚定的信念，充满信心；而有人即便一帆风顺，也总是自怨自艾。

很多人对自己的自卑心理深怀遗憾，并羞于示人。其实，从生物学的角度看，人不自信是必然的。人出生时，比任何其他生物都要孱弱。除了能哭并四肢乱动外，婴儿几乎什么都不会，甚至有的婴儿连吸吮母乳都不会，完全要依靠别人才能活下来，所以他完全是不自信的，没有谁能逃脱这个规律。但从心理学的角度看，人的一生又是在不断积累着自信的。一个小小的婴孩，学会了爬行，学会了站立，学会了奔跑，学会了说话。每一次成功，都给他带来一点自信。所以，每个人的身上都混合着自卑和自信。

有一种错误的认识，以为那些具有健康人格的人是没有弱点的人。其实，他们也同你我一样，有很多不如人的方面，只是他们了解自己的局限并能坦然接受它。自信的人，认识自己的局限，并接受自己的局限；了解自己的所长，并发挥自己的所长。不去做力所不及的事，但要把力所能及的事做好，这才是充满自信魅力的人。

自信的人，并不是处处比别人强的人，而是对事情有把握，知道自己的存在有价值，知道自己对环境有影响力。他具有较强的自我管理功能，懂得如何安排自己的优势和弱势，而且在自信的心态下，他的优势更容易激发出来。这样的人自我认识接近客观，又怀有积极情绪，人的整体状态会得到最佳组合。

而自卑的人处处要和别人比较，但总觉得比不上别人。自信的人，把眼光放在已有的进步上；而自卑的人，时时把焦点聚在自己的缺陷上。自信的人总是对做什么充满期待和希望，不自信的人总认为做什么都没有用。

那么，自信的人是怎么成长起来的？他在成长过程中，受到了不断鼓励，并学会自我接纳。不自信的人是怎么成长起来的？他在每天的生活中，得到了太多的否定和责备。生活中，怎么对待不自信的别人或自己呢？给自卑的人以成功的机会，给自卑的人每个微小的进步以鼓励和真诚的祝福。告诉自己，也告诉别人：只要做些什么，就会有所不同。

小青蛙故事的另一个结尾

小青蛙的故事有另一个结尾。两只青蛙还没有等到黄油变成固体，就累死在坛子里了。两个哲学家为此而争论。甲说："看，自信有什么用，一样是死亡的结局。"乙说："的确，它们都死了。但是直到死亡的那一刻，青蛙A是悲哀而绝望的，而青蛙B，则是充实的，至少是不悲哀的、不绝望的，因为它没有时间去悲哀和绝望。"

每个人的结局难道不都是一样的吗？那么，人与人的不同，就在于过程的不同。

我最喜欢的结局

青蛙A疲惫地划动着四肢。青蛙B还在奋力地游，它想，虽然现在情况很糟糕，但我还要做些什么。它游到了A的旁边，发现A四肢的动作缓慢而机械、一副听天由命的样子。它对A说："我们两个排成队，我在前边，你在后边，动作一致。然后我们互相换位置，这样就能节省很多体力。"A在它后边，按照它的方式游，果然轻松了许多。

B边游边继续说话，虽然有些费力："我从来没有在油里游过，今天算是知道了其中的滋味，这倒是健美的一个好方法。如果每天在里面游一刻钟，我们就能成为最健美的青蛙。"说着说着，便唱起它最喜欢的"呱呱"歌。A虽然很累，但听到这熟悉的歌，不由得忘记了疲劳，一同唱起来了。

农妇循着歌声发现了它们，轻轻地把它们捞起来，洗干净，送它们回家。

赏读

所有的生命，都有一个起点，也都有一个结束。起点就是生，结束就是死。人的一生，就是从生到死。出生与死亡，在生理的意义上，所有人都相同。人没有办法选择自己的出生，也不可能逃避死亡的命运，但是面临“死”这一所有人共同的归宿时，人因不同的选择，最后得到的结果却可能截然不同。司马迁《报任少卿书》中说：“人固有一死，或重于泰山，或轻于鸿毛。”臧克家在《有的人》中写道：“有的人活着/他已经死了；/有的人死了/他还活着。”司马迁和臧克家所说的，便是不同的选择造就不同的人生。

生活，其实就是一个不断选择的过程。在生与死关联起来的人生旅途中，人不断地做出各种选择，这些选择也就决定了自己究竟会成为怎样的一个人。作为万物之灵长，人不应该像动物一样无意识地碌碌度过一生，而是应该选择一种有意义的人生。鲁迅在散文诗《死火》中，描写了冰川中被冻住的一团火。后来，有人进入冰川，要将这团死火带出去。于是，这团火就有了两个选择：继续留在冰川之中，接下来的命运就是被冻灭，结果是死亡；如果让人带出冰川，就会瞬间烧完，结果也是死亡。无论是冻灭，还是烧完，结局都是死亡。与其冻灭，不如烧完，这是死火的选择。人自从出生落地时起，就向着死亡奔去，选择烧完而不是冻灭，就是选择过一种有意义的人生。

刘丹的《人格的核心是自信》讲述了两只青蛙的寓言故事。寓言是用比喻性的故事来寄寓意味深长的道理，给人以启示的文学体裁，字数不多，言简意赅。在这个寓言故事中，两只青蛙掉进了油坛里，面对困境，它们都做出了自己的选择。青蛙A选择了放弃，结果就死在了油坛里；青蛙B选择了坚持，结果成功地脱离了困境。文章肯定了青蛙B的选择，由青蛙B的选择引出了自信的好处。在作者看来，自信就是要相信自己，在困难面前绝不放弃；只要坚持就有成功的希望，一旦放弃便完全没有了希望。相信自己与不相信自己、坚持与放弃，是两只青蛙的不同选择，也是自信者与自卑者的区别所在。这里的自卑者，指的应该是有自卑情结的人，而不是较为普遍地存在着的自卑感。因为自卑感也能够使人认清自己，从而奋起直追，自卑情结却只是为自己的不自信和放弃寻找理由，而不努力去改变自身的处境。

自信作为人格的核心，并不是与生俱来的。文章从生物学、心理学的角度，以婴儿为例论证了每个人的起点都是一样的，大家都从不自信开始，每个人都是自卑和自信的混合体，自信是通过积累而形成的。而这种积累起来的自信，形成了稳定的品格特质，这就是人格，也是健康的人格。作者详细描述了拥有健康人格的人的特征：他也存在弱点，有不如人的地方，但他了解自己的局限，能发挥自己所长，激发优势做好力所能及的事，是一个自我认识接近客观又怀有积极情绪的人。作者继续通过对比，论述了自卑的人和自信的人不同的表现，进一步使人认识到自信的重要性，并且指出鼓励和自我接纳对于形成自信品质至关重要。既然健康的人格就是积累起来的自信，是不断地克服自卑和自身其他弱点的结果，那么，塑造健康人格的道路也就摆在人们的面前：首先，要有乐观主义精神，相信自己能行；其次，先给自己定一个小目标，从小的成功开始积累自信，直至实现大的成功，完成大目标。

以两只青蛙一生一死说明相信自己的重要性，虽有说服力却也存在以结果论英雄的弊端。田径场上，冠军只有一个，落在最后却依然坚持跑完全程的人难道就没有自信的人格？文章的作者显然意识到了不能以成败论英雄，自信人格应该更看重过程而非最后的结果，所以在文章的最后，作者设置了另外两个不同版本的结尾，这两个结尾使文章获得了哲学意义上的升华。第一个结尾故事，虽然两只青蛙的结局都是死亡，但内涵的意义却不一样，点出人生的意义在于奋斗的过程而不是最后的结果。死亡是生命不可避免的结局，人生的意义便在于对死亡这一宿命的抗争，抗争的意义不是清除死亡，而是这抗争的过程本身。第二个结尾故事，把两只青蛙设计成互相帮助、互相激励又乐天向上的典型，作者在此提出了人生的方法论。

文章以寓言开始，也以寓言结尾，中间辅以阐述论证。别出心裁的文章布局，让人印象深刻也饱含启迪。读完这篇文章，不由得令人深思：亲爱的同学们，我们该如何过好我们的一生呢？

作品

平凡的世界（节选）[1]

路遥

我们最初知道兰香的时候，她还是个十三岁的孩子。现在，站在我们面前的，已经是一位窈窕的大姑娘了。

她今年整整十九岁。

我们真惊叹这贫穷的山乡圪崂里养育出如此出众的女孩子。瞧，那一身旧衣衫包裹着的身材是多么挺拔而苗条！洁白的脸庞像上了釉的白瓷，闪着珍珠般的光泽；黑油油的剪发优美地转弯曲在腮边，使那俏丽的下巴显得愈加叫人心疼。长长的睫毛护着一双清澈动人的眼睛……当她静静地坐在教室里的时候，我们会不由想起不朽的罗丹那尊著名的雕塑《沉思》。

贫困的家庭出身和艰难的生活磨练，使孙兰香并不特别留心自己的漂亮。

这个在窘迫和煎熬中长大的姑娘，很早就开始直面艰辛的人生。她的意识中时常充满了忧虑，焦灼地凝视着自身以外的生活。奶奶、父母亲、两个哥哥和姐姐一家人，都无时无刻不

① 选自《平凡的世界》（北京十月文艺出版社 2009 年版）。路遥（1949—1992），中国当代作家，陕西清涧人。著有《人生》《平凡的世界》等。

在她的关注之中。唉，她无力去帮助所有这些亲人，但她为亲人们的一切不幸而揪心地痛苦呀！兰香强烈地意识到，她读到高中是多么不容易！现在她明白了，她一生不能再回到农村去；她一定要考上大学。那年在石圪节的时候，她还曾打算连初中都不上完就回家去。现在想起来都有点后怕。是的，她怎么没学下个什么名堂就回去呢？这样她就对不起含辛茹苦的一家人；她只有考入大学，才不辜负亲人们的一片苦心！

从进入高中那天起，考大学就成了兰香追求的目标。自一九七七年恢复高考制以来，原西县高中每年都有几十名学生进入大学门，这无疑极大地刺激了像她这样有抱负的青年。

正因为这样，学习对她来说是至高无上的。近三年来，她不仅在班上，而且在整个年级保持前三名的位置。在九门功课中，数学、外语、物理、化学和生物，考试几乎常常是满分。但她并不满足。她知道，高考是全国性的竞争，光在自己学校考高分并不能保证全国统考也能考出好成绩。

马上就要高考了。再有几个月，她就要面临这个决定自己一生命运的关口。不管她考上考不上，她都将会变成另外一个意义上的孙兰香。当然，这次命运的大决战不仅对她是至关重要的，对所有的同学都一样。

班上抱有希望的只是一部分人，另一部分人已经不抱什么指望——他们知道自己没有多少脑水。后一部分人包括许多城里学生。上高中时，他们仗着自己的优越，功课抓得不紧；现在事到临头却大势已去，只好开始动员父母亲为自己寻找出路。

毕业班一片紧张与慌乱。

兰香也在内心隐隐地感到一种恐惧。她知道，要是高考榜上无名，对她来说，那后果就不堪设想。她清楚地知道，那时会有什么样的命运在等待着她。她将在一两年内出嫁。而像她这样的家庭，又能嫁个什么人呢？和一个农村后生结婚，过好了，自己能维持自己；过不好，还得连累老人和两个哥哥——姐姐的不幸就在她眼前明摆着……晚上睡觉时，她常梦见自己没有考上大学；醒来之后，手里捏着两把冷汗。

她只能一心钻到功课中去；除此之外，其他任何事都引不起她的兴趣。她的学习干事职务，也是老师做了许多次工作才勉强接受了的——她怕当“官”影响她的学习。

班上的女同学们，都到了一个鲜花般的年龄，个个开始精心打扮自己。

洗发精、面霜、头油，甚至口红或其他一些很有名堂的化妆品，都出现在各自的小木箱中。有些没指望考上大学的女生，已经开始谈恋爱了。对于这个年龄的女孩子，她们的爱美之心不仅无可指责，而且是我们生活中最为动人的现象；我们的世界正因为有花朵般的姑娘，才永远如此美好！

但孙兰香除一块香皂和一只贝壳装着的廉价擦脸油外，什么也没有。一方面她生性不爱涂脂抹粉；另一方面，她也没有钱买这些东西。别说这些花费了，直到现在，她还没有过一件像样的衣服。好在她那天生丽质大大弥补了穿戴的寒酸，因而仍然在女同学中鹤立鸡群，使得姑娘们妒忌不已。

自从进入高中后，她只能勉强维持自己的一般生活。当然她还不像两个哥哥上学时那样艰难；她起码能吃饱饭，并且也还能吃得起一份乙菜。

在这期间，曾给她带来过重大打击的，莫过于大哥和他们的分家了。从她记事起，一家人的依靠就是大哥。一旦没有大哥，他们家的日子怎么过？多么忧愁啊！她曾为这事偷偷哭过好多回。

后来，是她二哥使她从惊恐中平静下来。她在实际生活中感到，只要有二哥，她也就不必过分担心。她越来越看出，二哥是一个不平常的人。他和大哥一样能吃苦受罪，而且懂的事也多；跟上他，就觉得什么也不怕了。她甚至还这样想过：将来能寻二哥这样一个男人就好了！

二哥一直对她特别关怀，每月都从黄原给她寄钱来，并且还常写信开导她，鼓励她。她最爱读二哥的信，还在笔记本上抄了他的许多话。她也常给他写信，甚至还敢在信上和他讨论一些“大”问题哩。她的信是寄给金波哥转他的。

二哥不久前在信中写给她的一段话，使她的心情久久不能平静。那信是这样写的——

……亲爱的妹妹，关于你，说心里话，是出乎我意料的。因为我原来对你不抱什么大的希望。我想你一生能有个温暖的家庭，生儿育女，有吃有穿，不要像姐姐那样恓惶和屈辱就行了。现在我越来越看出，实际上你的天资比我和大哥都高。你一定能考上大学的！而且我从你的来信中，看出你已经对人生在较高的层次上有了觉悟。这使我非常激动！我感到，人的一生总应有个觉悟时期（当然也有人终生不悟）。但这个觉悟时期的早晚，对我们的一生将起决定性的作用。实际上就是说我们应该做什么人，选择什么样的人生道路。

我们出身于贫困的农民家庭——永远不要鄙薄我们的出身，它给我们带来的好处将一生受用不尽；但我们一定又要从我们出身的局限中解脱出来，从意识上彻底背叛农民的狭隘性，追求更高的生活意义。

要知道，对于我们这样出身农民家庭的人来说，要做到这一点是多么不容易啊！

首先要自强自立，勇敢地面对我们不熟悉的世界。不要怕苦难！如果能深刻理解苦难，苦难就会给人带来崇高感。亲爱的妹妹，我多么希望你的一生充满欢乐。可是，如果生活需要你忍受痛苦，你一定要咬紧牙关坚持下去。有位了不起的人说过：痛苦难道是白忍受的吗？它应该使我们伟大！

另外，我不知在什么地方看过一则消息，对我们很有启发：有位美国总统的女儿为了不让父亲供养她上学，自己便利用课余时间到饭馆里为人家洗碟子赚钱……妹妹，二哥这样说，不是逼着让你也去自己谋生！相信我每月的十块钱一定准时寄给你！真想和你一块好好谈谈……有时间就来信，并希望能把字写大些，不妨出出格嘛……

这封信引起了她强烈的震动。她在心里慢慢揣摸二哥的这些话。她内心非常激动，似乎多少年一直堵在眼前的一片朦胧的云雾，突然被阳光撕开并被大风吹散，使她看见了生活无比广阔的地平线。真的，她现在对二哥产生了一种崇拜的感情——就像她小时候崇拜大哥一样！

可是实际上，她对大哥的尊敬一点也没少。她现在只是认识到，大哥和二哥不一样。

她明白，大哥因为文化程度低，从小又压上了生活的重担，只能和大多数农民一样为最实际的生活问题而操劳——她深知大哥受过什么样的苦啊！一想起大哥，她眼圈就发热……

现在，大哥终于办起了砖厂，不要再像过去那样穷困。为此，她心里也为大哥而感到骄傲。她希望大哥发达起来——正是因为大哥的光景翻了起来，村里人现在才不再小看他们一家人。同时，也正是家庭出现了这种新背景，才使她自己心里踏实了许多，觉得在同学们面前不很自卑了……

但兰香又清楚地知道，大哥和他们不再是严格意义上的一家人。一旦分开家，大的方面只能是各顾各的光景。

光大哥好说，可还有大嫂哩。大嫂虽说也是个十分好的人，但分家后，当然要维护自家的利益——这是正常的。就是互相帮助个什么，也得明确这是两家人之间的互相帮助，而不能再是一笔糊涂账。

当然，实际上也不可能一切都斤斤计较。虎子不照样还在他们这边家吗？而大哥和嫂子也常给他们做这帮那。只不过较大数字的开销，那就得大约有个计算了，否则，大嫂当然会不高兴！

正因为如此，不久前她才没有接大哥给她的五十块钱。

兰香知道，大哥当时的确是一片真心。但她又知道，这钱是大哥瞒着大嫂给她的。以后万一被大嫂知道了，说不定要和大哥吵架；她怎么能因为五十块钱而使大哥和嫂子闹不和呢？

大哥走后，当时她又反复想了这件事，觉得没有接哥哥的钱是完全正确的。

唉，这不是说她不需要这五十块钱！二哥每月的十块钱，她只能勉强维持自己的伙食，另外的花费就十分困难了——光高考的复习材料就得许多钱；幸亏开学时，二哥还给她留了二十几块钱，交过八块五毛报名费后，手头丢下十几块，抠掐着应付那些必不可少的开支。至于生活中的其他奢望她一点也不敢有。半年来，她连一场电影也没有看过；一方面是因为高考临近，她要抓紧时间复习功课，更主要的是她舍不得花那一毛钱！

眼下，兰香惟一的愿望是买一件短袖衫。天马上就要大热了，她连一件短袖衫也没有。两件换着穿的长袖衫，天一热，只能把袖子卷到半胳膊上，像上了箍似的难受。

可是，一件稍好点的短袖衫少说也得十几块钱，她手头只有几块钱，而且除万不得已决不敢花出去！

但不论怎样，她既不能拿大哥的钱，也不准备另外向二哥开口要。凑合着穿长袖衫吧！她决不能再给家里人添麻烦了……

大哥走后的第三天，他们班的一位女同学患急性盲肠炎，在县医院动了手术。班上的同学们都先后到医院去看望了。她也准备去看望。而到县医院看望生病的同学得带点礼物——这钱是无论如何要花的。

她正准备去街上买点食品，金秀却带着一挎包东西来约她一起去看这位同学。兰香明白，亲爱的金秀知道她手头缺钱，就先买好东西拉她去医院——礼物算是她们两个人一块给这位同学送的。

和兰香同岁的金秀也长成了一位漂亮的大姑娘。金秀是另外一种漂亮。她比兰香个头低，但身材匀称而丰满，两只水汪汪的大眼睛流露出温柔而多情的波光。她的学习虽然在班上不是拔尖的，但门门功课都很扎实。金秀和兰香一直保持着十分亲密的关系，像一对亲姐妹。金秀已经确定要报考省医学院，而兰香对自己报考的学校和专业心中还没数……

下午课外活动时，两个好朋友拿着东西，一块相跟着去看望生病住院的女同学。

到医院后，金秀在同学的病床前坐了一会，说她父亲给县运输公司的一位熟人捎来一封信，她要给人家送去，便先告辞走了。

兰香一个人和同学又拉了一阵话，才从病房里出来。

她无意中看见，医院不远处的地方正在箍一长排窑洞。她马上想到，她二哥在黄原也是给人家干这种活的。

她竟然不由自主走过去，想看看这些人是怎样干活的——这样她就会大约估摸出二哥在黄原的情况。

兰香走近前去，看见石匠们都光着膀子，只穿件小布褂，分头忙活着。有的人在土场子里细心地拿锤錾琢磨粗糙的石块；有的人往垒起一截的窑墙上背石头。墙头上立着高人一等的大匠工，不时吆喝下面的小工送这运那。到处是一片爆竹似的锤錾声。

兰香突然发现，提泥包的大部分是一些女孩子。看她们的穿着，不像是农村来的。

她于是就好奇地问其中一个提泥包的姑娘："你们是哪里来的?"

"我们是这城里的待业青年。"

"你们一天赚多少钱?"兰香大胆地问。

"一天一块半。"

啊，一天就赚一块半钱呢！这些女孩子看来和她的年龄差不多，人家一天就能赚这么多钱！

兰香的心不由动了一下：我能不能也来这里提泥包呢？当然，白天她要上课。不知道这里晚上干不干活？要是晚上能来干几个小时，哪怕赚几毛钱都行呢！

她于是又惴惴不安地走过去，问刚才那个女孩子："你们晚上干不干活?"

那女孩子莫名其妙地看了一眼多嘴的兰香，说："我们晚上不来。但匠人们晚上还做活。"

"那晚上谁给匠人们提泥包呢？"

"他们自己腾出人手提……"

"那我晚上来提泥包不知行不行。"

"你呀？"

"嗯。"

"那你要去问站场的工头！"

"哪个人是工头？"

这女孩子便给兰香指了指不远处一个立着抽黑棒卷烟的人。

孙兰香已经决定要来干这活了！她记起了二哥信中所说的话。她想，人家美国总统的女儿都能跑到饭馆里洗碟子赚钱，她为什么不可以提泥包赚点钱呢？

二哥说得对，要自强自立！她一家人都是吃苦干活的人，她自己干点活又有什么了不起的！二哥说了，不要怕苦难，如果能深刻地理解苦难，苦难就会给人带来崇高感。对，她这样做，不应该有任何一点害臊的感觉。

兰香身上具有孙家的那种倔犟劲。她真的勇敢地走到那位站场工头的面前，向他提出了自己的愿望。

工头听完她的话，又了解了一下她的身世和眼下的情况，大为惊讶。

看来这工头对人有同情心。他立刻慷慨地说："你要是不怕误课，你就来。干两三个钟头活，给你开上五毛工钱！"

兰香又高兴又激动离开了医院。她猛然觉得自己长成了大人——她惊讶她竟敢做出如此大胆的抉择！

既然这样决定了，她就应该毫不畏惧地投入这种生活。她白天可以增加学习时间，好把晚上的时间腾出来去干活。当然，她不会干太多的天数，因为高考快临近了。她只准备做一个来月活，赚的钱够买一件短袖衫就行了。她想，用自己赚的钱买一件衣服，穿着更有意义！只是有一点，这事既要瞒着同学们，又不能让家里人知道……

从这一天以后，每到傍晚，兰香就以各种理由离开学校，然后悄悄来到医院的基建工地，为箍窑洞的匠人们提泥包。

这样一个漂亮的女孩子出现在一群揽工男人中间，当然会受到一些粗言俗语的伤害。但我们的兰香有她自己的一套对付办法。她一开始就对所有做活的人尊敬地称他们为“叔叔”和“大哥”，把那些口出粗言的家伙捧到“人”的位置上，结果使他们自己羞愧不堪。这些人终究也是人，一旦你尊敬他，他就不会再牲口似的对待你了。

提泥包的活并不轻松。十点钟左右收工后，兰香常常浑身酸疼难忍。她先躲进医院的女厕所里，把外面那身糊满泥巴的衣服脱下来，塞进自己的书包里，然后就穿过夜晚清冷而空旷的街道向学校赶去。

一个人行走在寂静无声的街道上，她常常会仰起头来，眨巴着那双美丽的眼睛，迷惑地瞭望着暗蓝而幽深的天空，瞭望着那一轮皓月和满天繁密的星斗，陷入到了深远的沉思之中。哦，人生，宇宙，一切都是多么神秘和深奥！她突然想起不知在什么地方看过的几句诗：走千山，涉万水，登不上你的殿堂……

这个天赋很高的姑娘，常常在这样的时候，会产生某种突发的奇想。

某一天夜里在医院干完活后，她一边往学校走，一边猛然想：我将来一定要乘宇宙飞船到太空去！不知中国有没有与此有关的大学？她要去问一问老师——如果有，她就一定去报考！

赏读

环境塑造人，人也在改变着环境。自信的人能够利用环境成就自己，在某种程度上能够影响甚或改造周围的环境，不自信的人却只会被环境所影响、控制，不是随世俯仰便是被环境压垮或抛弃。

蓬生麻中不扶自直，白沙在涅与之俱黑。西晋思想家傅玄说：“近朱者赤，近墨者黑。”家庭、学校、工作环境等，所有这些因素，都在或隐或显地影响着人，塑造着人。为了给孩子创造一个好的学习环境，遂有孟母三迁的故事。有些东西是人可以选择和改变的，但是有些东西却不是人自身可以选择和改变的。人并不总是能够自由地选择自己的生存环境，若是所生活的环境比较糟糕，又没有离开或改变环境的能力，这时候就需要坚定正确的信念，不要轻易地受环境的影响。改变可以改变的，超越不可以改变的；人的伟大，往往就在于总是能够将不可能变成可能。

从自信的角度看，小说《平凡的世界》叙述的便是穷困中长大的孩子如何摆脱出身的局限，树立自信并走向成功的故事。忠厚能干的孙玉厚有四个孩子：孙少安、孙少平、孙兰花和孙兰香。出身贫寒的孩子面对家境较好的孩子或刚从乡下来到城市的时候，因为生活条件等方面的差异，往往容易产生自卑感，孙氏兄妹都曾经自卑过。除了孙兰花，孙少安、孙少平和孙兰香兄妹最终都经受住了生活的磨砺，摆脱了自卑心理，树立起了坚实的自信，成为生活中的强者。艰难困苦，玉汝于成。生活中的风暴总能淘去人生中那些虚浮的渣滓，艰难困苦的磨砺使人走向坚韧，从而找到真正的自信。

老大孙少安和田润叶青梅竹马，却因家境贫穷而感到自卑，不敢接受已经做了国家干部的田润叶的爱情。幼年时的贫苦使孙少安早早地走向了成熟，认清了自己的地位和肩上应负的重担，为了贫穷的家庭劳碌不休，强烈地渴望能摆脱贫困。等到社会环境发生了变化，他开起了砖厂，被周围的人视为成功人士，并参加了县里的夸富大会，才终于找到了自信。

老二孙少平在学校读书时，最初也为自己连裤衩都穿不起而感到脸红，羞愧于身上的破衣烂衫，每天吃饭都要等到其他同学走光了才去拿自己的那份黑馍馍。少年的自尊心，让他在同学的面前觉得自卑。后来，孙少平被选拔上了学校的文艺宣传队，又和田晓霞一起到地区上宣讲革命故事，逐渐克服了心理障碍，“抛弃了这种虚荣或者说自卑”，不再像刚入学那样，等别人打完饭才去取自己的黑馍馍。他渐渐有了自信心，正确地面对自己的贫穷生活，他的这种改变，赢得了田晓霞的友谊。中学毕业后，他不愿意做小队会计，决心自己到城里打拼，即便瘦弱的身体伤痕累累，仍然保持着自信的内心，义无反顾地闯出一条属于自己的道路。在爱情面前，他也曾自卑，不敢与晓霞亲近，后来他在知识和人格上都成了能与田晓霞平等对话的朋友，从自卑走向自信，收获了纯洁的爱情。

孙兰香因家庭贫困一度想要辍学，后来在哥哥们的支持下读了中学。少女正值花季，她却无法像周围的女同学一样打扮自己，夏天到来时连一件短袖都没有。读书上大学成了兰香改变自身命运的唯一途径。她成绩虽好，却也对未知的命运感到恐惧。这时候，二哥孙少平的来信，成为孙兰香人生的指路明灯，让她对人生有了新的认识和渴望，并为她最终超越穷苦农民出身带来视野的狭隘做好了铺垫。最初的时候，孙兰香读书只是为了能够走出农村，不再像父母那样一辈子面朝黄土背朝天。后来，当孙兰香仰望星空，她的人生与梦想就都发生了根本性的转变。康德在《实践理性批判》中说：

“有两种东西，我对它们的思考越是深沉和持久，它们在我心灵中唤起的惊奇和敬畏就会日新月异，不断增长，这就是我头上的星空和心中的道德定律。”当孙兰香的眼光从身上的衣衫转到辽阔的星空，她的人生理想就插上了飞翔的翅膀。孙兰香立下了探索太空的宏伟志向，最终成为中国最好的大学天体物理专业的研究生，这和她自身的努力有关，更和她自信心的确立及人生视野的开阔密切相关。

有人说，初读《平凡的世界》，感觉它是讲述乡村励志与爱情故事的通俗小说；渐读之，感觉它是一部充满血泪的年轻人的奋斗史；到了后来，不得不承认它的伟大，以一群人的平凡而自信的小世界映照出那个时代的大世界。平凡是生活的本色，我们每个人对于这个世界来说都十分渺小、微不足道，但我们可以平凡却不能甘于平庸，要役物而不要役于物。也就是说，我们要做生活的主人，而不能做生活的奴隶。

作品

写给生命[①]

席慕蓉

1

我站在月亮底下画铅笔速写。

月亮好亮，我就站在田野的中间用黑色和褐色的铅笔交替地描绘着。

最先要画下的是远处那一排参差的树影，用极重极深的黑来画出它们浓密的枝叶。在树下是慢慢绵延过来的阡陌，田里种的是番薯，在月光下有着一种浅淡而又细致的光泽。整个天空没有一片云，只有月色和星斗。我能认出来的是猎人星座，就在我的前方，在月亮下面闪耀着，天空的颜色透明又洁净，一如这夜里整个田野的气息。

月亮好亮，在我的速写本上反映出一层柔白的光辉来，所有粗略和精密的线条都因此能看得更加清楚，我站在田里，慢慢地一笔一笔地画着，心里很安定也很安静。

---

① 选自《意象的暗记》（云南人民出版社 2014 年版）。席慕蓉，中国台湾散文家、诗人、画家，1943 年生于重庆城郊金刚坡。著有《七里香》《无怨的青春》等。

家就在十几二十步之外，孩子们都已经做完了功课上床睡觉了，丈夫正在他的灯下写他永远写不完的功课，而我呢？我决定我今天晚上的功课要在月亮底下做。

邻家的狗过来看一看，知道是我之后也就释然了，在周围巡视了几圈之后，干脆就在我的脚旁睡了下来。我家的小狗反倒很不安，不明白我为什么不肯回家，所以它就一会儿跑回去一会儿又跑过来的，在番薯的茎叶间不停地拨弄出细细碎碎的声音。乡间的夜出奇地安静，邻居们都习惯早睡，偶尔有夜归的行人也只是从田野旁边那条小路远远经过，有时候会咳嗽一声，声音从月色里传过来也变得比较轻柔。

多好的月色啊！满月的光辉浸润着整块土地，土地上一切的生命都有了一种在白昼时从来也想象不出的颜色。这样美丽的世界就在我的眼前，既不虚幻也非梦境，只是让人无法置信。

所以，我想，等我把这些速写的稿子整理好，在画布上画出了这种月色之后，恐怕也有一些人会认为我所描绘的是一种虚无的美吧。

我一面画一面禁不住微笑了起来。风从田野那头吹过，在竹林间来回穿梭，月是更高更亮了，整个夜空澄澈无比。

生命里也应该有这样一种澄澈的时刻吧？可以什么也不想什么也不希望，只是一笔一笔慢慢地描摹，在月亮底下，安静地做我自己该做的功课。

2

对着一班十九二十岁，刚开始上油画课的学生，我喜欢告诉他们一个故事。

这是我大学同班同学的故事。我这个同学有很好的绘画基础，人又认真，进了大学以后发愿要沿着西方美术史一路画下来，对每一个画派的观念与技法都了解并且实验了之后，再来开创他自己的风格。他认为，只有这样，才能够画出真正扎实的作品来。

一年级的时候，他的风景都是塞尚的，二年级的时候，喜滋滋地向我宣布：

“我已经画到野兽派了！”

然后三年级、四年级，然后教书，然后出国，很多年都不通音讯，最后得到的消息是他终于得到了博士学位，成为一个美术史与美术理论方面的专家了。

我每次想到这件事，都不知道是悲是喜。原来要成为一个创作的艺术家，除了要知道吸收许多知识之外，也要懂得排拒许多知识才行的啊！创作本身原来具有一种非常强烈的排他性。一个优秀的艺术家就是在某一方面的表现能够达到极致的人，而因为要走向极致，所以就不可能完全跟着别人的脚步去走，更不可能在自己的一生里走完所有别人曾经走过的路。在艺术的领域里，我们要找到自己的极致，就需要先明白自己的极限，需要先明白自己和别人不尽相同的那一点。

因为不尽相同，所以艺术品才会有这样多不同的面貌。像布朗库西能够把他的《空间之鸟》打磨得那样光滑，让青铜的雕像几乎变成了一种跃动的光与速度。而麦约却要把流动的《河流》停住，在铅质的女体雕像里显示出一种厚重的量感来。毕沙罗的光影世界永远安详平和，而一样的光影在孟克的笔触里却总是充满了战栗和不安。

每一个优秀的艺术家走到极致的时候，就好像在生命里为我们开了一扇窗户，我们在一扇又一扇不同的风景之前屏息静立，在感动的同时，也要学会选择我们所要的和我们不得不舍弃的。

3

当然，有些人是例外，就好像在生命里也常有些无法解释的例外一样。

在美术史里，有些例外的艺术家，就像天马行空一般地来去自如，在他们的一生里，几乎就没有所谓“极限”这一件事。

像对那个从天文、数学到物理无所不能，无所不精的达文西，我们该怎么办呢？

也许只能够把他放在一旁，不和他比较了吧？不然，要怎样才能平息我们心中那如火一般燃烧着的羡慕与嫉妒呢？

4

我相信艺术家都是些善妒的人。

因为善妒，所以别人的长处才会刺痛了自己的心，因为善妒，所以才会努力用功，想要达到自己心中给自己拟定的远景。

因为善妒，所以才会用一生的时光来向自己证明——我也可以做得和他们一样好，甚至更好。

不然，美术史里那些伟大的感人的作品要怎样来解释呢？为什么会有人肯把生命里面最精华的时光与力量，放在那些好像并没有任何实质意义的东西上面去呢？

当然，你也可以说，创作的欲望来自人类内心的需求，是一种最最原始也最最自然的呼唤，我也完全同意。但是，我要强调的是，在创作的过程里，如果发现有人远远地超过了我们，在那一刹那，像是有火在心里燃烧的那种又痛又惊的感觉，对我们其实是并没有坏处的。

因为，只有在那种时刻里，我们才能猛然省悟，猛然发现自己的落后是因为没有尽到全力。

把海浪掀激起来的，不就是那种使海洋又痛又惊的疾风吗？

5

也喜欢那些在安静地埋首努力着的艺术家。

在他们一生的创作过程里，其实就是一种自我的发现与自我的追寻。

一个艺术家也许可以欺骗所有的人，但是，他无法欺瞒他自己。因为，不管群众给他的评价是什么，他最后所要面对的最严苛的评判者，其实是他自己。

所以，当一个艺术家可以坦然面对自己的时候，他的面容自然会平和安详，谈话间的语气也自然地会缓慢和从容起来。

每次和他们在一起，我心里都有种羞惭不安的感觉，和这些人相比，我是怎样的无知和急躁啊！

喜欢和他们一起画画，有时候是在一个市场的三楼，小小的画室里有着温暖的灯光和温暖的关怀。有时候是在闹市狭窄巷弄里的一座平房，光洁古老的地板上隐约看出一些油画颜料留下的色点。

在这些画室里的艺术家都早已进入中年，却仍然安静地在走着这条从非常年轻的时候就已经开始走了的路。我每次走进画室时都会有一种触动，有时候是因为他们迎接我时的天真的笑容，有时候是因为他们脸颊上深深的纹路，有时候是因为他们花白的鬓角，有时候是因为画室中央那一把春天的花束；而更多的时候是因为画室里那一种亲切熟悉的气氛，混合着画布和亚麻仁油以及颜料的淡淡气味，朝我迎来。

是啊！就这样在这些熟悉的气氛与气味之间过完我的一生吧。让我们从复杂曲折的世界里脱身，一起把这样的夜晚献给那极明净又极单纯的绘画吧。让我们走入心灵的最深处，在茂密的森林里寻找各人自己原来该有的面貌。

然后，在这样一个共聚的夜晚之后，带着画完或者没画完的作品，带着一颗安静而又微醺的心，我们在星光或者月光之下彼此轻声道别。

然后，再走进闹市的崎岖巷弄里，再开始重新面对另外一个世界，另外一个在别人眼中也许是成功也许是失败的自己。

而一切都没有什么关系了，不是吗？如果在我们心里有一座茂密的森林，如果我自己知道我正站在丛林中的那一个角落，那么，这人世即使是崎岖难行，又能影响了我多少呢？

人的自由，在认识了生命的本质之后，原该是无可限量的啊！

赏读

席慕蓉是个画家、诗人、教授，她在教学生的时候，曾写下许多有感悟的文字，虽然平常，却值得反复咀嚼回味。她在《三句话》中写道："老师用教了这么多年的经验，只能告诉你这一句话，我确信你是与众不同的。"诚然，世上没有两片相同的叶子，也没有两个相同的生命，每个生命都是最特别的一个。认识到自己生命的独特性，就会寻找自己之所以成为自己的内在因由，走向相信自己的路途。在油画课上，席慕蓉反复地告诉那些年轻的学生："要相信自己！"唯有相信自己，学会做自己的主人，创作上才能拥有一种不顾一切的自由，找到属于自己的创作道路。需要让自己相信的这个"自我"，并不存在于自我之外，"而是生命在最初形成的时候，就已经在心里埋藏好了的一种原始的呼唤"。然而，既然是已经埋藏好了，就不会轻易地现身，要想听到这"原始的呼唤"，遵从它的指引，除了需要努力之外，还需要美德和机缘，即便是这样，也还是"只有极少数的人敢应答并且取用那天赐的一切"。这是席慕蓉在《说创作》中谈到艺术创作与自我及生命关系时所说的话。《三句话》《说创作》等文章，处处充满着艺术家的敏锐与诗人的感悟，这感悟弥漫开来，便结出《写给生命》这篇丰硕的果实。

《写给生命》开篇描述在一个静谧的夜晚，孩子睡了，丈夫在工作，而自己一人坐在家外的田野里画月色。忙里偷闲，作者深切地感受到了月夜的澄澈，由此感悟："生命里也应该有这样一种澄澈的时刻吧？"所谓澄澈，便是人反照自身，无所挂碍。《孟子·告子上》有云："梏之反复，则其夜气不足以存；夜气不足以存，则其违禽兽不远矣。"儒家传统思想认为，晚上静思有利于人产生良知善念，此称之为夜气。在夜气中，生命敞开了自己。

随后，作者讲述了一位同学立志要了解并实验每一个画派的观念与技法的故事。在这个故事里，作者感悟人要知道自己的极限，明白自己的独特性（尤其作为一个艺术家），学会选择想要的和不得不舍弃的。否则的话，结果只能是：吾生也有涯，而知也无涯；以有涯随无涯，殆已！换言之，人要有自信，这自信应该建立在自知的基础上，却不可盲目自信。否则的话，就会走入歧途，最终迷失了自己。

接下来，作者指出世上存在难以超越的天才，如达·芬奇，引出不可比较，只能敬服或嫉妒的话题。由不可超越的天才引出嫉妒这个话题，再由"艺术家都是些善妒的人"这一观点，谈到自己对"妒忌"的另一种看法：因为善妒，才会努力地奋斗，达到自己的目标；也正是因为如此，才会产生许多感人但又独特的作品。同时，她也指出了另外一种观点：创作的欲望来源于人类的需求，正因为如此，人类才会认识到自己的不足，不断寻求进步。若是竭力于方方面面，可能只是徒增一场忙碌，结果终究只是空欢喜，倒不如先清晰自己的定位，倾自己所有以图有所长进，我们总会不断体会到"人外有人"这句话的力量，一颗"善妒"的心其实是完善自我最好的动力。

最后，席慕蓉指出创作就是自我发现与自我追寻的过程，故而艺术家理应心境坦然不自欺，因此他们才能从容安详、心境平和，即使是在一个闹市里，也能保持内心的静谧。认识生命的本质，也就是认识自我。认清自我，知道自己的限度，自然就能"不以物喜不以己悲"，从容面对生活中的各种状况，正确看待"另外一个在别人眼中也许是成功也许是失败的自己"，从而实现"人的自由"。反过来说，所谓"人的自由"，也就是能够认清自我，知道自己的极限，触摸并拓展自己的极限。

席慕蓉从"艺术家"展开叙述，其内涵却绝对不局限于这一领域，或者说，我们每个人都应尝试去成为自我生命里的艺术家。我们需要有一段自己独享的时间，暂时跳出现实的维度，任由自己放飞思绪，畅游浩瀚的宇宙，同时也给自己一个自我思考、自我审视、自我感悟的机会。文章里那句比喻让人记忆深刻：“把海浪掀激起来的，不就是那种使海洋又痛又惊的疾风吗?”我们需要保留一个独属于自己的小世界，它蕴藏着你的本真、你的人格、你所有的梦境与想象，无关于现实浮浮沉沉的自我形象。艺术只是这个小世界里打开的一扇窗户，它沟通了小世界里橘黄色的灯光与外界的汹涌暗夜，也渴望那温和的灯光能通过自己的作品，照亮更多暗夜下的行者，唤醒彼此共同的慰藉。

作品

回　答①

北　岛

卑鄙是卑鄙者的通行证，
高尚是高尚者的墓志铭。
看吧，在那镀金的天空中，
飘满了死者弯曲的倒影。

冰川纪过去了，
为什么到处都是冰凌？
好望角发现了，
为什么死海里千帆相竞？

我来到这个世界上，
只带着纸、绳索和身影。
为了在审判前，
宣读那被判决的声音：

---

① 选自《北岛作品》（长江文艺出版社 2014 年版）。北岛，原名赵振开，1949 年生于北平（今北京），浙江湖州人。著有《北岛诗选》《陌生的海滩》《蓝房子》等。

告诉你吧，世界
我——不——相——信！
纵使你脚下有一千名挑战者，
那就把我算作第一千零一名。

我不相信天是蓝的，
我不相信雷的回声，
我不相信梦是假的，
我不相信死无报应。

如果海洋注定要决堤，
就让所有的苦水都注入我心中，
如果陆地注定要上升，
就让人类重新选择生存的峰顶。

新的转机和闪闪星斗，
正在缀满没有遮拦的天空。
那是五千年的象形文字，
那是未来人们凝视的眼睛。

赏读

白居易在《与元九书》中说："文章合为时而著，诗歌合为事而作。"真正的文学总是直面惨淡的人生、淋漓的鲜血，立场鲜明地表达自己的意见，总是代表人民的利益，发出时代的最强音。北岛的《回答》创作于1976年清明节前后，初刊于1979年《今天》第3期，是早期朦胧诗的代表性作品。诗篇揭露了黑白颠倒、混淆是非的现实，以悲愤又坚定的口吻表达了对暴力世界的质疑。

朦胧诗刚刚在诗坛上出现时，由于其在思想内容和艺术手法上的变革，给传统的诗歌观念和欣赏习惯带来了强烈的冲击，1980年《诗刊》第8期发表章明的《令人气闷的朦胧》一文，批评朦胧诗用语晦涩怪癖，叫人读了似懂非懂。此后，拥护朦胧诗和否定朦胧诗的人们在文坛上展开了一场激烈的论争。肯定朦胧诗的有谢冕、孙绍振、徐敬亚等，认为朦胧诗代表了一种新的时代精神和美学原则；否定朦胧诗的有丁力、艾青等，他们从历史传统和现实政治的角度批评朦胧诗晦涩古怪。

北岛的《回答》曾被视为朦胧诗的开山之作。全诗以“卑鄙是卑鄙者的通行证”这一悖论式警句开篇。“卑鄙”，指人的品行很恶劣；“通行证”是允许通过的证明，应该发给具有某种资格的人。当“卑鄙”成为通行的资格时，说明社会的发展出现了问题；不正常的社会里，“高尚”反而被取消了通行的资格。“铭”原是一种刻在器物上用来警诫自己、称述功德的文字，“墓志铭”就是叙述死者生平、加以颂扬追思的文字。“墓志铭”与“通行证”、“高尚”与“卑鄙”构成强烈的对比，宁死不肯苟合的精神跃然纸上。对比中，还显示出诗人强大的自信，卑鄙者的通行证怎能与“高尚”的铭文争辉？第二节中“冰凌”暗指人们心灵的阴影，以两个反问句揭示了社会的冷漠残酷。第三节呈现了一个普罗米修斯式的拯救者形象，可以视为诗人独立意志和个人精神的真实写照，表现了新时代诗人个体意识的自觉和对自身肩负的责任毫不犹豫的担当。第四节“我——不——相——信！”以连续的破折号强化了语气，对过往历史给予了坚定的回答，同时直接呼应诗题。第五节连用排比，以排山倒海之势表达了诗人对当时社会的否定以及对客观真理的肯定。“不”也是整首诗的关键词，表现了诗人强烈的否定意识，绝不妥协的坚定意志，以及怀疑和批判的精神。第六节叙写了对苦难应该采取的态度，抒发了勇于承担未来重托的英雄情怀。

《回答》表达的是一代青年觉醒的心声，不仅是与那个扭曲的历史时代彻底告别的“宣言书”，还是对丑陋与罪恶进行宣判的“判决书”。“文化大革命”十年，苦难深重，支撑青年一代，使他们不肯和光同尘免于沉沦的，就是对于未来和希望的坚信。正是这种坚信，使他们勇于为自由和理想奋斗牺牲。诗人在诗中假定自己是第一千零一名挑战者，表达了诗人对理想的坚定追求和顽强不屈的抗争精神。诗歌的最后两个诗行，诗人将目光投向历史与未来，坚信其中蕴涵着希望和转机，这是诗人强大的自信心的来源，同时也点明诗人的信与不信并非盲目，乃是深深植根于民族文化的传统以及对美好未来的期盼。立足传统，展望未来，闪闪的星斗与中华民族五千年的悠久文明仿佛指路明灯，让诗人坚信正义必将战胜邪恶，高尚终归会压倒卑鄙。

诗人北岛深受西方现代派文学影响，在诗中大量地运用了语意曲折的象征、隐喻、比喻等，使诗作既明快、晓畅，又含蕴丰厚，具有强烈的震撼力。如墓志铭表明高尚者被摧残、被葬送，镀金暗示粉饰的虚假，弯曲的倒

影暗指无数死者的冤屈。这些经过变形处理的意象，充分表现了诗人奇异的联想、丰富的再造性想象力。通过意象的拼贴、组合与叠加，诗人成功地将一个理想的艺术世界呈现在读者面前，真实地传达出一个充满压抑感的生活氛围，以及诗人对苦难现实的谴责之情。

切磋琢磨

1. 自信不是口头上说出来的，也不只是存在内心深处的想法，真正的自信应该表之于行动，尤其是艰苦卓绝的实践上。没有人天生就很自信，自信是慢慢培养起来的；而没有经受考验的自信，就像温室里的花朵，经不起自然界的风吹雨打。只有那些经受住了考验的自信才是真正的自信。人生的道路上，总是充满了各种困难险阻。有些人被困难吓住了，失去了继续前行的信心，从此成为生活的逃兵；有些人则勇敢地面对困难，最终战胜了困难，越来越自信地面对生活，未来的人生道路也越走越宽阔。

在你的人生中，有没有遇到过困难？遇到这些困难的时候，你是如何面对的，有没有失去过自信？读完这一单元的五篇文章，对于自信与成功你应该有了自己的认识，请从自己的人生经历中选择一到两件事情，叙述自己失掉自信、重拾自信的经历，或自己的人生中其他与自信有关的故事。

2.《平凡的世界》中，孙少平给妹妹孙兰香写了一封信。信中，孙少平告诉孙兰香："永远不要鄙薄我们的出身，它给我们带来的好处将一生受用不尽。"又引用了别人的一句话："苦难难道是白忍受的吗？它应该使我们伟大!"谁都不愿意生活在苦难之中，但是人不能选择自己的出身。如何理解孙少平所说的贫寒的出身带来的"好处"？

中国有句俗话："龙生龙，凤生凤，老鼠生的孩子会打洞。""文化大革命"期间"血统论"一度泛滥。请尽可能结合社会学、心理学、遗传学等方面的知识，与周围的同学交流一下对"血统论"的看法。

孙少平写给孙兰香的信引起了孙兰香强烈的震动，她决定课余时间到工地上打工赚钱，减轻家人的负担，结束打工回学校的路上，孙兰香确定了自己将来学习天体物理学的宏伟志向，并最终实现了自己的这一理想。仔细阅读《平凡的世界》，体会孙兰香确立学习志向时的思想情感，并试着以孙兰香的口吻，给孙少平写一封回信，描绘自己将来的人生梦想和专业志向。

3. 冯至在文章的结尾说："杜甫由于这种执著的精神才能那样有力地写出他所经历过的山川，那样广泛地描绘出他时代的图像，使我们读了他的诗，觉得他比他同时代的任何一个诗人都亲切。我们所处的时代也许比杜甫的时代更艰难，对待艰难，敷衍蒙混固然没有用，超然与洒脱也是一样没有用，只有执著的精神才能克服它。"请结合冯至的文章及其写作背景，简述文中提到的"我们所处的时代"与"杜甫的时代"，结合两个"时代"，谈谈"敷衍蒙混""超然与洒脱"和"执着"三种态度（精神）的具体表现。

4. 优良的文化传统是民族自信的源泉。被誉为"诗圣"的杜甫，是中国诗歌传统中最耀眼的明星。21 世纪以来，杜甫却遭遇了恶搞，"杜甫很忙"的系列涂鸦，颠覆了人们心中经典的杜甫形象。你如何看待这种文化现象？结合杜甫被恶搞事件，思考在当下社会发展中，应该如何正确地对待我们的传统文化？

冯至在《杜甫和我们的时代》中谈到了文学史上的"再生"现象，并从同与异两个方面分析了"再生"的根源。最近几年，中国社会的"国学热"，也是一种"再生"现象。你如何看待"国学热"现象？试着按照冯至的思维方式，谈谈自己对"国学热"的看法。

唯自强方能立世

导读

《易经》云："天行健，君子以自强不息。"《楚辞·九章·怀沙》道："惩违改忿兮，抑心而自强。"《礼记》说："知困，然后能自强也。"《宋史·董槐传》言："外有敌国，则其计先自强，自强者，人畏我，我不畏人。""自强"一词，流淌在中国传统文化长河中，是中华民族生生不息的重要精神支柱。

"强"（"強"）字拆开来便是"弘"和"虫"，单一的、卑微的生命体弘扬出来便是强。对于人来说，自强便是在自信自爱的基础上充分认识自我，利用有利因素，克服不利因素，积极进取，努力向上，成为生活的强者，能够担负起社会时代赋予的重任。依靠自身的努力强大起来，自足于内者，无待于外。所以老子说：胜人者有力，自胜者强。

狐假虎威不是真正的强，欺凌弱小更是无耻者的行径。自古以来，国人就鄙弃那些阿谀攀附者，欣赏那些真正能够自强不息的人。孔子周游列国，想要求一安身立命之地而不可得，可是他从来没有放弃过自己的理想，自强不息的人格光耀千秋。司马迁遭受宫刑，仍发奋著书，撰成《史记》这一史家之绝唱。苏秦刺股读书，发奋求学，身挂六国相印，名扬诸侯之间。宋濂借书抄写，天寒手指不能弯曲亦义无反顾，终成明朝文章三大家之首。马云三十下海创业失败，后抓住互联网机遇，毅然带领团队南归，开创如今无人不晓的阿里。任正非在40岁时经历破产之难，又遭逢家庭解体，不惑之年毅然重新创业，创办了举世瞩目的华为公司。

做人要自强，国家也要自强；唯有人人都自强，国家也才能走向繁荣富强。正如鲁迅所说，国人之自觉至，沙聚之邦才能由是而转为人国。梁启超在《少年中国说》中说："今日之责任，不在他人，而全在我少年。少年智则国智，少年富则国富，少年强则国强，少年独立则国独立，少年自由则国自由，少年进步则国进步，少年胜于欧洲，则国胜于欧洲，少年雄于地球，则国雄于地球。”巍巍中华，屹立神州大地几千年，关键便在于拥有自强不息的奋斗精神。

近代以来，列强入侵，国门大开，中国沦为半殖民地半封建国家，面临亡国的危险。在这种困境下，国人痛定思痛，举起了“中华民族伟大复兴”的大旗，开始了救亡图存的历程。从洋务运动到戊戌变法，从辛亥革命到五四新文化运动，一代又一代的革命先行者，前仆后继，奋斗不止。事实告诉我们，一切外在的力量均不可靠，只有自强才是立足之本，只有自己强大才是真正的强大。现在，中国已经成为独立、自由、民主、统一和富强的国家，改变了贫穷落后的面貌，经济文化繁荣，社会稳定，综合国力名列世界前茅，国际地位得到极大的提升，并为世界和平与发展做出了巨大贡献。

对于正在学校读书的莘莘学子来说，不会遭受司马迁的厄运，也没有任正非那般破产的危机，如何在平淡无奇的日常生活里做到“自强不息”？简单来说，就是在课堂上要保持活力，积极参与，大胆提问，不怕犯错；考试时能运转自如，正确对待考试成绩，胜不骄、败不馁；积极参加课外探究活动，拓展多方面才能；学习不应只是死记硬背，要能自主地运用所学知识解决生活中遇到的问题，真正做到学以致用，课内课外德智体美劳全面发展。

本单元所选《梁任公先生演说词》是梁启超在清华大学的演讲，距今一百多年，其对青年人应自强不息以养成君子之风的谆谆教诲，对当下学子们来说仍然很有必要。周作人《伟大的捕风》引用法国先哲之言，谈论柔弱似芦苇的人之所以高贵，在于人有思想。胜人者有力，自胜者强。这也可以视为周作人对人之“自强”的诠释。王蒙《自胜者强》重新讲述了老子的“自胜者强”，认为强者当能胜己，自强与强者相联，他对自强的阐释显然与周作人大不相同。《流行歌词两首》对人能自强寄予了浓浓的希冀。鲁光的《中国姑娘》是一篇报告文学，以充满激情的文字，叙述了一代女排为世界冠军梦奋斗的故事。自胜者强，说到底，自胜自强是为追逐心中的梦想。每个人的梦各不相同，能否实现也都未可知，但只要能够为之奋斗，自强不息，在这世间便也有了自己的位置。如那风中芦苇，即便是死，也还是高贵的，因为它“知道宇宙的优胜，宇宙却一点不知道这些”。

作品

梁任公先生演说词[①]

梁启超

君子二字其意甚广，欲为之诠注，颇难得其确解。惟英人所称劲德尔门包罗众义与我国君子之意差相吻合。证之古史，君子每与小人对待，学善则为君子，学不善则为小人。君子小人之分，似无定衡。顾习尚沿传类以君子为人格之标准。望治者，每以人人有士君子之心相勖。《论语》云：君子人与君子人也，明乎君子品高，未易几及也。

英美教育精神，以养成国民之人格为宗旨。国家犹机器也，国民犹轮轴也。转移盘旋，端在国民，必使人人得发展其本能，人人得勉为劲德尔门，即我国所谓君子者。莽莽神州，需用君子人，於今益极，本英美教育大意而更张之。国民之人格，骎骎日上乎。

君子之义，既鲜确诂，欲得其具体的条件，亦非易言。《鲁论》所述，多圣贤学养之渐，君子立品之方，连篇累牍势难胪举。周易六十四卦，言君子者凡五十三。乾坤二卦所云尤

① 选自《清华大学史料选编：第一卷》（清华大学出版社 1991 年版）。梁启超（1873—1929），中国近代维新派领袖，学者。字卓如，号任公，又号饮冰室主人，广东新会（今江门市新会区）人。

为提要钩元。乾象曰："天行健君子以自强不息。"坤象曰："地势坤，君子以厚德载物。"推本乎此，君子之条件庶几近之矣。

乾象言，君子自励犹天之运行不息，不得有一暴十寒之弊。才智如董子，犹云勉强学问。《中庸》亦曰，或勉强而行之。人非上圣，其求学之道，非勉强不得入於自然。且学者立志，尤须坚忍强毅，虽遇颠沛流离，不屈不挠，若或见利而进，知难而退，非大有为者之事，何足取焉？人之生世，犹舟之航於海。顺风逆风，因时而异，如必风顺而后扬帆，登岸无日矣。

且夫自胜则为强，乍见孺子入水，急欲援手，情之真也。继而思之，往援则己危，趋而避之，私欲之念起，不克自胜故也。孔子曰："克己复礼为仁。"王阳明曰："治山中贼易，治心中贼难。"古来忠臣孝子愤时忧国奋不欲生，然或念及妻儿，辄有难于一死不能自克者。若能摈私欲尚果毅，自强不息，则自励之功与天同德，犹英之劲德尔门，见义勇为，不避艰险，非吾辈所谓君子其人哉。

坤象言君子接物，度量宽厚，犹大地之博，无所不载。君子责己甚厚，责人甚轻。孔子曰："躬自厚而薄责于人。"盖惟有容人之量，处世接物坦焉无所芥蒂，然后得以膺重任，非如小有才者，轻佻狂薄，毫无度量，不然小不忍必乱大谋，君子不为也。当其名高任重，气度雍容，望之俨然，即之温然，此其所以为厚也，此其所以为君子也。

纵观四万万同胞，得安居乐业，教养其子若弟者几何人？读书子弟能得良师益友之薰陶者几何人？清华学子，荟中西之鸿儒，集四方之俊秀，为师为友，相蹉相磨，他年遨游海外，吸收新文明，改良我社会，促进我政治，所谓君子人者，非清华学子，行将焉属？虽然君子之德风，小人之德草，今日之清华学子，将来即为社会之表率，语默作止，皆为国民所仿效。设或不慎，坏习惯之传行急如暴雨，则大事偾矣。深愿及此时机，崇德修学，勉为真君子，异日出膺大任，足以挽既倒之狂澜，作中流之底柱，则民国幸甚矣。

《清华周刊》第 20 期
（1914 年 11 月 10 日）

赏读

1914 年 11 月，梁启超在清华学校礼堂（现在的清华大学同方部）演讲，以乾卦和坤卦这两个卦的象辞激励青年学子：“天行健，君子以自强不息”“地势坤，君子以厚德载物”。这次讲演后，“自强不息、厚德载物”便被清华大学作为校训。这篇演讲就是本文所选的《梁任公先生演说词》，也有人将其命名为《论君子》。

1917 年 1 月 10 日，梁启超再度应邀到清华讲演，谈了“学生自修之三大要义”：为人、做事、修学。在这次的讲演中，梁启超指出，为人之道，心不要为五官四肢之奴隶，“禽兽无心作主，专受五官四肢之支配，故为禽兽；人而不能反省，不能克己，则为自己五官四肢之奴隶矣。身奴于人，尚可拯救，惟自心作五官四肢之奴隶，则不可救药矣。”为人要反省克己，做事精力要集中，修学之道在学以致用。三大要义中，为首的是反省克己，就是要增进自己的德性。

梁启超在清华的这两次演讲，都是从修身立德入手，指出“教育不是别的什么，教育就是教人学做人”，并提出了自己对青年学子们的期望。学习先要学做人，这是古今中外所有积极的教育共同的追求。学做怎样的人，如何才能算是学做人？在梁启超看来，真正的清华学子应该以君子作为修身的目标。何为君子？君子是儒家文化传统人格修养的追求，传统文化典籍对此多有论述。君子坦荡荡，小人长戚戚。君子固穷，小人则穷斯滥矣。君子常被用来与小人做比较，代表了人文素质修养较高层次的水平，一般被视为社会道德的典范。梁启超将君子与英语里的劲德尔门（gentleman，现一般译为“绅士”）并列，引《易经》中的句子阐述了自己对“君子”的理解，认为君子应果敢坚毅、自强不息，努力向上永远不懈怠，拥有像大地一样宽阔的胸怀，有海纳百川之度量，能够容养万物，堪为社会楷模。

有成为君子的想法很容易，但要成为真正的君子，却不是一件容易的事。梁启超说：“乾象言，君子自励犹天之运行不息，不得有一暴十寒之弊。”君子是持之以恒不懈怠的人格修养，永远都处于现在进行时态而非完成时态。在修行的道路上，有许多的艰难险阻要去征服，只有自信者才能勇敢地面对人生中的各种境况，与时俱进而文质彬彬。在演讲中，梁启超使用了“自励”一词，强调真正的君子不是由外力强制而造成，乃是植根于自己的坚持。“人之生世，犹舟之航于海。顺风逆风，因时而异，如必风顺而后扬帆，登岸无日矣。”梁启超用航海的比喻，说明君子应坚持自己的道路，不怕艰难险阻，不因环境的顺逆而轻易改变自己的原则。除了外部环境，君子更应该警惕的是“心贼”。梁启超引用王阳明的话说：“治山中贼易，治心中贼难。”梁启超认为，那些勇于为国献身的义士忠臣，面对敌人的时候无所畏惧，但是在妻儿等私情面前，却往往会变得软弱，容易动摇。公德很重要，私欲很难摈弃，如何在两者之间取得一个恰当的度，对于个人和社会的发展来说都至关重要。君子之所以为君子，就在于他能克服一己之私欲，小人则总是将私欲作为个人行事的原则。

《礼记》云：“博闻强识而让，敦善行而不殆，谓之君子。”作为戊戌维新变法志士，梁启超从来都是心怀国家社稷。在清华演讲时，梁启超对学子们以君子相许，不仅期待学生们能够“躬自厚而薄责于人”，同时也希望他们能够“吸收新文明，改良我社会，促进我政治”，要求青年学生们明确自己求学路上的真正目标，这目标不仅是要将自己锻造为自强不息、厚德载物的进步青年，更是要为国家民族服务。“国家犹机器也，国民犹转轴也。转移盘旋，端在国民”，“莽莽神州，需用君子人”。在梁启超的思想中，中国传统文化中的君子观念被赋予了现代国家的现代国民的新内涵。在梁启超看来，能够承担起少年中国的建设重任的，不是所有的普通青年，而是有使命感的青年学生，是学生中的君子。

当今社会，日趋浮躁，应试教育、功利性学习随处可见，素质教育倡导了许多年，成效不尽如人意。应试教育下，分数就是学生的命根，成绩就是好学生和差学生的分水岭。一批批高分低能的学生，一些心理不健康的学霸，被“制造”出来，一些名校还出现舍友投毒事件，所有这些都说明教育出现了一些问题。人们都知道：学习首先要学做人。但真正能够落到实处的却很少，君子教育成了假大空的套话。一百多年前梁启超在清华大学的演讲，而今读来仍如黄钟大吕，是救治当下教育某些弊端的良药。

伟大的捕风[1]

周作人

我最喜欢读《旧约》里的《传道书》。传道者劈头就说，“虚空的虚空”，接着又说道，“已有的事后必再有，已行的事后必再行。日光之下并无新事。”这都是使我很喜欢读的地方。

中国人平常有两种口号，一种是人心不古，一种是无论什么东西都说古已有之。我们读拉瓦尔（Lawall）的《药学四千年史》，其中说及世界现存的埃及古文书，有一卷是基督前二千二百五十年的写本，（照中国算来大约是舜王爷登基的初年！）里边大发牢骚，说人心变坏，不及古时候的好云云，可见此乃是古今中外共通的意见，恐怕那天雨粟时夜哭的鬼的意思也是如此罢。不过这在我无从判断，所以只好不赞一词，而对于古已有之说则颇有同感，虽然如说潜艇即古之螺舟，轮船即隋炀帝之龙舟等类，也实在不敢恭维。我想，今有的事古必已有，说的未必对，若云已行的事后必再行，这似乎是无可疑的了。

---

① 选自《周作人自编集：知堂文集》（北京十月文艺出版社 2011 年版）。周作人（1885—1967），中国散文家，翻译家。原名櫆寿，字启明，晚年改名遐寿，浙江绍兴人。著有《自己的园地》《雨天的书》等。

世上的人都相信鬼，这就证明我所说的不错。普通鬼有两类。一是死鬼，即有人所谓幽灵也，人死之后所化，又可投生为人，轮回不息。二是活鬼，实在应称僵尸，从坟墓里再走到人间，《聊斋》里有好些他的故事。此二者以前都已知道，新近又有人发见一种，即梭罗古勃（Sologub）所说的“小鬼”，俗称当云遗传诸君，比别的更是可怕了。易卜生在《群鬼》这本剧中，曾借了阿尔文夫人的口说道，“我觉得我们都是鬼。不但父母传下来的东西在我们身体里活着，并且各种陈旧的思想信仰这一类的东西也都存留在里头。虽然不是真正的活着，但是埋伏在内也是一样。我们永远不要想脱身。有时候我拿起张报纸来看，我眼里好像看见有许多鬼在两行字的夹缝中间爬着。世界上一定到处都有鬼。他们的数目就像沙粒一样的数不清楚。”（引用潘家洵先生的译文）我们参照法国吕滂（Le Bon）的《民族发展之心理》，觉得这小鬼的存在是万无可疑，古人有什么守护天使，三尸神等话头，如照古已有之学说，这岂不就是一则很有趣味的笔记材料么？

无缘无故疑心同行的人是活鬼，或相信自己心里有小鬼，这不但是迷信之尤，简直是很有发疯的意思了。然而没有法子。只要稍能反省的朋友，对于世事略加省察，便会明白，现代中国上下的言行，都一行行地写在二十四史的鬼账簿上面。画符，念咒，这岂不是上古的巫师，蛮荒的“药师”的勾当？但是他的生命实在是天壤无穷，在无论那一时代，还不是一样地在青年老年，公子女公子，诸色人等的口上指上乎？即如我胡乱写这篇东西，也何尝不是一种鬼画符之变相？只此一例足矣！

已有的事后必再有，已行的事后必再行，此人生之所以为虚空的虚空也欤？传道者之厌世盖无足怪。他说，“我又专心察明智慧狂妄和愚昧，乃知这也是捕风，因为多有智慧就多有愁烦，加增智识就加增忧伤。”话虽如此，对于虚空的唯一的办法其实还只有虚空之追迹，而对于狂妄与愚昧之察明乃是这虚无的世间第一有趣味的事，在这里我不得不和传道者的意见分歧了。勃阑特思（Brandes）批评弗罗倍尔（Flaubert）说他的性格是用两种分子合成，“对于愚蠢的火烈的憎恶，和对于艺术的无限的爱。这个憎恶，与凡有的憎恶一例，对于所憎恶者感到一种不可抗的牵引。各种形式的愚蠢，如愚行迷信自大不宽容都磁力似的吸引他，感发他。他不得不一件件的把他们描写出来。”我听说从前张献忠举行殿试，试得一位状元，十分宠爱，不到三天忽然又把他“收拾”了，说是因为实在“太心爱这小子”的缘故，就是平常人看见可爱的小孩或女人，也恨不得一口水吞下肚去，那么倒过来说，憎恶之极反而喜欢，原是可以，殆正如金圣叹说，留得三四癞疮，时呼热汤关门澡之，亦是不亦快哉之一也。

察明同类之狂妄与愚昧，与思索个人的老死病苦，一样是伟大的事业，积极的人可以当一种重大的工作，在消极的也不失为一种有趣的消遣。虚空尽由他虚空，知道他是虚空，而又偏去追迹，去察明，那么这是很有意义的，这实在可以当得起说是伟大的捕风。法儒巴思加耳（Pascal）在他的《感想录》上曾经说过：

“人只是一根芦苇，世上最脆弱的东西，但他是一根会思想的芦苇。这不必要世间武装起来，才能毁坏他。只须一阵风，一滴水，便足以弄死他了。但即使宇宙害了他，人总比他的加害者还要高贵，因为他知道他是将要死了，知道宇宙的优胜，宇宙却一点不知道这些。”

十八年五月十三日，于北平。

赏读

自尊、自信、自强要从小事做起，集腋成裘，一点点地累积，因此，要想真正能够做到自尊、自信、自强，并不是一件轻而易举的事情。既然自尊、自信、自强是一件辛苦的事儿，为何还要人们努力地去坚持呢？若是一切都是虚空，如《传道书》中所说，是“虚空的虚空”，努力不努力结果注定都只是一场空，那么，自尊与否、自信与否、自强与否，还有什么区别？为了自尊、自信和自强而付出的诸多努力还有什么意义呢？

思考虚空，追问人生的意义，是周作人《伟大的捕风》这篇短文的思想核心。在文章的开头部分，周作人先是引用了《传道书》中的一些说法：“虚空的虚空”“已有的事后必再有，已行的事后必再行。日光之下并无新事”。然后以中国和埃及为例，说明人心不古和“古已有之”这样的思想和说法古今中外皆有，随后从三个方面对这一现象进行了解释。首先，周作人认为这是信奉鬼神、愚蠢蒙昧的表现；其次，从遗传学的角度看，后代人身上必然有前人的各种遗留和印痕；最后，将自己所写的文字也视为虚空（鬼画符）。

对于人生虚空的思想，周作人并不先忙着给予排斥和否定。在文章中，周作人先是肯定了社会上虚空思想的客观存在，随后指出："传道者之厌世盖无足怪。"然后又用了很多笔墨谈论虚无思想的"合理性"，并引出传道者的观点："多有智慧就多有愁烦，加增智识就加增忧伤。"老子也说过："智慧出有大伪。"按照这个思想推导下去，绝圣弃智和无为似乎才是人应有的态度。然而，周作人行文至此，笔锋蓦然一转，点出自己和传道者的差异就在于承认了虚空之后的态度。传道者承认了虚空，于是提出放弃智慧，复归于朴。周作人却要求在传道者驻足的地方继续先前探索，指出"对于虚空的唯一的办法其实还只有虚空之追迹，而对于狂妄与愚昧之察明乃是这虚无的世间第一有趣味的事"，认为"察明同类之狂妄与愚昧"和"思索个人的老死病苦"都是"伟大的事业"。这样做并不能变虚空为实有，虚空仍然是虚空，但是人对于虚空的追索本身却充满意义，十分伟大。

察明而不是征服，思索而不是改变，周作人的文字表述实际上重新界定了人生的意义。自信与自强首先意味着承认生活存在诸如"虚空"等人生难题，视而不见或闭口否认都不是真正有益的态度。同时，正视人生的"虚空"等问题，并不就意味着一定要征服、压倒或改变这些问题。文中，周作人引用巴思加耳《感想录》中的一段话，指出"人是会思想的芦苇"，柔弱经不起风雨，看起来非常脆弱，但生命脆弱的人却比风、雨乃至整个宇宙都高贵，因为他"知道宇宙的优胜，宇宙却一点不知道这些"。会思想，能思想，知道"宇宙的优胜"，这也便是人的"优胜"，也便是人生独特的意义所在。

知道，也就是察明，可以说是《伟大的捕风》这篇文章的关键词。人能知道，察明虚妄，才能走出蒙昧麻木的状态，走向启蒙。然而，启蒙或者说知道对于个体的人来说并不就是一件幸福的事。这倒不是说智慧出有大伪，而是在蒙昧的社会状态下，率先醒悟的人往往会被视为异端，从而遭受种种的困厄。鲁迅在其创作中也反复书写的是这样的一种人生困境：愚昧麻木者反倒是没有痛苦，饱尝忧患受尽精神折磨的恰恰是觉醒者。谁是觉醒者？就是伟大的捕风者，或者说察明虚妄者。周树人和周作人两兄弟不约而同地意识到了这一点：绝望之为虚妄，正与希望相同。

从自信自强的角度来说，察明虚妄，便是知道外物不足恃。是非成败转头空，繁华落尽才能见真淳；大胆地承认"日光之下并无新事"，坦然面对世事的循环与虚空。有时候，一片白茫茫真干净的大地，反而更有益于人发现真正的自己。真正的自信与自强，既要摆脱浑浑噩噩的人生状态，同时又要拒绝廉价的希望或梦想的诱惑。这样的“悟”者是真正的知道者，“知道”自己，明白自己之于世界的“优胜”。能明白，自然也就能够自信、自尊、自强。

作品

自胜者强[1]

王 蒙

知人者智，自知者明。	能了解别人了解外物的人是聪慧智谋的，能够了解自己的人才是明白坦荡的。
胜人者有力，自胜者强。	能够战胜旁人的人是有实力的，能战胜即掌控自身的人才是不可战胜的。
知足者富。	知道满足的人是富有的、从容的、有余裕的。
强行者有志。	能坚持能持续努力的人才是有志气的。
不失其所者久。	不迷失自我，不脱离自己的本原，不会忘记自己是老几的人才能成就与保持长久。
死而不亡者寿。	死后而仍然保持着影响与作用的人，经得住时间的考验的人是真正的长寿。

① 选自《老子的帮助》（贵州人民出版社 2013 年版）。王蒙，河北南皮人，1934 年生于北京。著有《青春万岁》《活动变人形》等。

人贵有自知之明，这也是国人的自古以来的共识。原因就是自己往往高估自己，溺爱自己，原谅自己，美化自己。一围绕自己立论，便容易丧失掉客观公正全面与应有的严格性。

战胜自己，目前已经成为一个被用滥了的说法。想不到早在老子时期，已经提出了自胜者强的命题。

其实有多少人能够使自己完全做到言行一致，灵肉一致，理智与感情一致，对人与对己一致呢？

原因在于，你需要战胜的自己，不是自己的一个观点一个行动一次安排一个念头，而是你的活生生的私利、私欲、私心、杂念。谁能做到百分之百地消除了自身的一切私字呢？我们也搞过“狠斗私字一闪念”，我们也说过“个人的事再大也是小事，国家的事再小也是大事”……但是这些说法，到底怎么样才能落实呢？

我们至少可以加强对自己的控制，提升自己的精神境界，使各种私利私欲处于不会恶性膨胀的状态。我们至少可以培养自己的真正的志趣、高尚的志向、开阔的胸豁，越是能投入到事业、科学、艺术、造福一方的活动中去，就越能在某种意义上战胜自己。

胜己者强的另一面是，事业心强者能胜己，责任心强者能胜己，自信心强者能胜己。换个说法来立论容易让人明白，就是说，强者当能胜己。是不是呢？

让我们举个例子，例如某些西方国家，那里的政客常常被曝光性丑闻；而我们的印象，那里的性观念是非常开放直至无所不可的，为什么对于政治家的要求这样严格呢？

只能有一种解释：这样的事情暴露了一个人的缺少自控能力，暴露了一个人的不能胜己、不能自胜。一个软弱的人可以去从事艺术、学术，却不可以充当承担着国家民族人民的巨大责任的政治领导人。

有力无力是容易估量，容易量化，一眼能够看出的实在实存。而强是一种品质，是更深藏的东西。关键在于承受，在于耐力与定力，在于无言无形无声无迹，在于自身另有大志大智大勇大德，在于虽强而绝对不可做强大状。

戒贪，当然。长期以来，知足常乐似乎是自欺欺人的代名词。然而这里是有一个区别的，如果由于知足而放弃了维权和对于不义与非法的抗争，是不足取的。而在个人消费、享受、待遇上知足，是最起码的道德底线，也是身心健康的标准。陷入永无餍足的贪欲，则只能是罪恶与痛苦的根源。

知足不是懒惰，不是躺下来，所以老子紧接着讲要坚持努力，离开了坚持的努力，所谓大志就是牛皮空谈。

事有成败，运有通蹇，名有大小，财有多少，地位有高低贵贱，然而一个人不管处在什么情势下不要忘乎所以，不要忘了本：本初、本原、本态、本相。不沉浸在暴发的喜悦或幻想之中，不叫苦于背运的阴影之中，不白日做侥幸的美梦，不因焦虑而无端地战栗失眠崩溃，这就叫不失其所，这就叫不失其本，这就叫有长劲，这就叫可持续发展，这就叫庶几近道了。

生理的死亡是无法避免的，长寿不仅是生理年龄，不仅是喘气饮食的植物式生存，只有归附于大道，言行不背离大道，人格体现着大道，人与大道合一，才能算是长寿，才永远不会夭折。

> ……逝者如斯，而未尝往也；盈虚者如彼，而卒莫消长也。盖将自其变者而观之，而天地曾不能以一瞬；自其不变者而观之，则物与我皆无尽也。……苟非吾之所有，虽一毫而莫取。惟江上之清风，与山间之明月……取之无禁，用之不竭。是造物者之无尽藏也，而吾与子之所共适。

苏东坡《前赤壁赋》中的这一段话有点老子的意思。所谓“自其不变者而观之，则物与我皆无尽也”的含义，就是自大道观之，物与我皆是大道的一次闪现、一次下载、一次证明，当然是死而不亡的了。那么自其变者而观之，同样是自大道而观之，天地不能以一瞬，妙哉，苏东坡也有极限小观念、无限大观念了。与大道的无限相比，天地银河系也只不过是一瞬，是趋向于零的存在。个体有死亡，天地也有起止，而我们的母体，我们的起源与归宿——大道，千秋万代，绵延不绝。

赏读

《自胜者强》是王蒙对老子《道德经》第三十三章内容的翻译与解读。

《道德经》据说是春秋时期老子所撰，又称《道德真经》《老子》《老子五千文》，是道家哲学思想的重要来源。全文分为上下两篇，上篇《德经》，下篇《道经》，包罗万象，文意深奥，在古代被看成是内圣外王的学问，也被视为中国的万经之王。

儒家追求内圣外王，道家也是如此；儒家强调知其不可而为之，道家信奉的是无为而无不为。众多优秀的传统知识分子的精神世界其实都是外儒内道，而儒道互补也就构成了中国传统文化最为重要的两大精神支柱。

到了近代，西方列强大举入侵，国人渐渐对传统的器物、制度和文化变得越来越没有自信，认为那些都是中国摆脱贫穷落后走向繁荣富强的绊脚石。陈独秀在《敬告青年》中说："谬种流传，岂自今始！固有之伦理、法律、学术、礼俗，无一非封建制度之遗。"又说："要维护德先生又要拥护赛先生，便不得不反对国粹和旧文学。"在五四新文化运动期间，老子等代表的中国传统哲学思想，被视为现代科学、民主思想的对立面，成为备受抨击的对象。

进入21世纪后，随着国家整体实力的提升，大国的崛起增强了国人的自信，逐渐改变了以西方思想否定中国传统思想文化的趋向。重新发掘中国传统文化，重新认识经典，成为21世纪国人重铸自信、再造辉煌的重要方式和手段，其在现实生活中的具体表现之一便是国学热。《道德经》自然是热门中的热门。王蒙撰写《老子的帮助》，用他自己的话来说就是："用自己的人生，用我的历史体验、社会体验、政治经验、文学经验、思考历程去为老子的学说'出庭作证'。"

《道德经》第三十三章主要讲个人修养与自我设计，强调"自知"与"自胜"对于个体精神人格的重要作用。对此，王蒙以自身的经验与领悟做了别具一格的"王氏解读"。对于"知人者智，自知者明。胜人者有力，自胜者强"一句，王蒙提出，"自知"是国人自古以来的共识，并以双向思维从"胜己者强"与"强者当能胜己"两个方面对"自胜者强"进行论证。首先，"胜己"是指战胜自己的私欲与杂念，个体通过加强对自身的控制提升自己的精神境界，从而在高尚的事业中成为强者，这就是所谓的"胜己者强"。其次，王蒙又以西方政客频频被曝光性丑闻的事例证明缺少自控力、不能"胜己"的人无法被视为强者。因为"强"是一种品质，关键在于耐力与定力，在于能够在诱惑与私欲面前战胜自己。由此可见，"自胜"是"强者"必须具备的品质之一，"强"又是"胜己者"才能获取的品质与能力。"自胜"是成为"强者"的重要前提，也是验证一个人是否为强者的重要条件。对于“知足者富，强行者有志，不失其所者久，死而不亡者寿”一句，王蒙也以其个人的妙悟进行了独特又引人深思的解读。对于“知足”，王蒙进行了辩证的讨论，认为人在物质需求上应知足戒贪，但在精神追求上应拒绝以“知足”为理由的懒惰，不忘初心，坚持努力，方能成为“有志”的“强行者”。对于长寿的定义，王蒙推崇苏轼“自其不变者而观之，则物与我皆无尽也”的观点，认为人与大道合一才能超越生理生命的终结，实现真正的长寿。

有一千个读者就有一千个哈姆雷特。王蒙所撰《老子的帮助》是一部典型的“我注六经、六经注我”式的著作。在探寻《道德经》丰富的可能性的同时，王蒙将个体生命经验融入老子的大道中，以自身独特的思考维度对其进行释义与阐发——王蒙幽默地将其称为“证词”。这里的“证”不是考证，而是“参证”“印证”，意在探求“进一步解读发挥的可能性、共鸣赞叹的可能性、获益启迪的可能性、吟咏赏析的可能性与交流碰撞的可能性”。王蒙坦承自己不能也无意于原文的训诂与考证，只想为《道德经》提供“一个当代中国的人证、见证、事证、论证，也许还有反证”。王蒙机智幽默的个人化解读，为《道德经》的当下阅读和接受增添了别样的魅力。

作品

流行歌词两首

男儿当自强[①]

原唱：林子祥　填词：黄霑

傲气傲笑万重浪
热血热胜红日光
胆似铁打　骨似精钢
胸襟百千丈
眼光万里长
誓奋发自强
做好汉
做个好汉子
每天要自强
热血男子

① 据碟片《寻祥歌》录入（深圳音像公司出版发行）。黄霑（1941—2004），原名黄湛森，中国香港词曲家、作家、主持人、演员，代表作有《上海滩》《沧海一声笑》《男儿当自强》《我的中国心》等。

热胜红日光
让海天为我聚能量
去开天辟地
为我理想去闯
（看碧波高涨）
又看碧空广阔浩气扬
既是男儿当自强
昂步挺胸大家作栋梁
做好汉
用我百点热
耀出千分光
做个好汉子
热血热肠热
热胜红日光

隐形的翅膀①

原唱：张韶涵　填词：王雅君

每一次
都在徘徊孤单中坚强
每一次
就算很受伤也不闪泪光
我知道
我一直有双隐形的翅膀
带我飞 飞过绝望
不去想
他们拥有美丽的太阳

① 据碟片《张韶涵》录入（珠江电影制片公司天鹅音像出版社出版发行）。王雅君，1981 年生于中国台湾，词曲创作人。代表作有《隐形的翅膀》《暮光》等。

我看见
每天的夕阳也会有变化
我知道
我一直有双隐形的翅膀
带我飞 给我希望
我终于看到所有梦想都开花
追逐的年轻
歌声多嘹亮
我终于翱翔
用心凝望不害怕
哪里会有风就飞多远吧
不去想
他们拥有美丽的太阳
我看见
每天的夕阳也会有变化
我知道
我一直有双隐形的翅膀
带我飞 给我希望
我终于看到所有梦想都开花
追逐的年轻
歌声多嘹亮
我终于翱翔
用心凝望不害怕
哪里会有风就飞多远吧
隐形的翅膀让梦恒久比天长
留一个愿望让自己想象

赏读

最早的诗词，都是能配乐唱的，后来才渐渐出现了不能唱的文人诗和文人词。《诗经》里的国风，便是周初到春秋期间各地方的民歌。地方上的民歌流行开来，广为传唱，也就成了流行歌曲。流行歌曲并不就一定是好的歌曲，但是流行歌曲之所以流行，肯定是因为歌曲契合了时代的需要，能够深入人心，引发人们的共鸣。作为励志歌曲，《男儿当自强》和《隐形的翅膀》都充满了正能量，也都曾流行一时，激动了许多国人的心。

20世纪90年代，《黄飞鸿》系列电影曾经风靡一时。黄飞鸿出生于广东省佛山市南海县（今南海区），是清朝末年的洪拳大师、岭南武术界一代宗师，以他为原型拍摄的系列电影如《黄飞鸿》(1991)、《黄飞鸿之二：男儿当自强》(1992)、《黄飞鸿之三：狮王争霸》(1993)、《黄飞鸿之四：王者之风》(1993)、《黄飞鸿之五：龙城歼霸》(1994)，这些影片都呈现了一个自强不息、爱打抱不平、维护国家民族利益的英雄形象，李连杰、赵文卓、谭咏麟、成龙等都在《黄飞鸿》系列电影中出演过黄飞鸿的角色。本文所选歌词《男儿当自强》来自黄飞鸿系列电影的主题曲。

《男儿当自强》最早由香港歌手林子祥用粤语演唱，曲调改编自唐代皇家乐曲的《将军令》。《将军令》主要表现古代将军升帐时的威严庄重、出征时的矫健轻捷以及战斗时的激烈紧张。《男儿当自强》的歌词简单直白，完美地呈现了一个满腔豪情壮志的铁血男儿的形象，配合电影中英雄盖世的黄飞鸿，总让人有种热血沸腾的感觉。

《男儿当自强》用“红日光”比喻男儿热血沸腾的心，开篇和结尾相呼应。“红日光”的形象就牢牢地留在了听众心里。接着以钢铁之坚硬比拟男儿无所畏惧的胆识和不轻易妥协屈服的铮铮铁骨，同时又与“傲气傲笑万重浪”相呼应。“万重浪”这一意象表现了男儿笑傲江湖的英雄气概，同时又寄寓着“乘长风破万里浪”的意思。“胸襟百千丈眼光万里长”一句用夸张的手法表现了男儿志向远大、目光长远，接着直抒胸臆，以“做个好汉子，每天要自强”，升华了整首歌的思想主旨。接下来，歌词继续抒写自强之路。“让海天为我聚能量”，与海为伍，与天做伴，“万重浪”不仅仅是前行路上的阻碍，更可以转化成为自己所需要的“能量”，胸襟开阔，气势宏大。“去开天辟地，为我理想去闯，看碧波高涨，又看碧空广阔浩气扬”，意在说明自强不是也不能闭门造车，唯有开眼看世界，才能真正地敞开胸怀，要为理想坚持不懈地奋斗，就应勇敢地在世上去闯荡。紧接下来的一句歌词：“用我百点热耀出千分光”，则是进一步点明自强的意义，不是成为个人主义式的英雄，而是让自己发光发热，点燃自己，照亮世界。“百点热”与“千分光”的说法不太符合物理上的能量守恒定律，但是“白发三千丈”等著名的诗句又何尝不违背情理？艺术允许适当地夸张，夸张的艺术手法能够使一些主要特征更生动地呈现在读者面前。结尾“做个好汉子，热血热肠热，热胜红日光”，也是运用了夸张手法，黄飞鸿的英雄气概在适度的夸张中被赋予了更为迷人的魅力。

《隐形的翅膀》由王雅君作词作曲，张韶涵演唱，收录在2006年发行的专辑《潘多拉》中。与《男儿当自强》的豪迈激昂、振奋人心不同，《隐形的翅膀》采用民谣曲风，柔和的旋律加上张韶涵清亮又富于爆发力的嗓音，带给听众希望、温暖和安定的力量。歌词以丰富的内涵向人们诠释了“信念”的重要作用，以自信的口吻告诉人们：不必羡慕他人，每个人都有一双隐形的翅膀，都有成功的可能，但是隐形的翅膀既然是隐形的，就看不见摸不到，需要坚信自己拥有这样的翅膀，相信自己能够成功。只要自己坚信，就有成功的希望。人的一生不可能永远都是晴天，唯有自信和持之以恒的努力才能帮助自己走出阴天，让自己沐浴在灿烂的阳光下。《隐形的翅膀》就像一首发自肺腑的心灵倾诉，感召人们要努力面对人生挫折与痛苦，不管在多么困难的环境下，也要保持追逐梦想的心。

作品

中国姑娘（节选）[1]

鲁 光

忠诚，就忠诚自己的土壤；
追求，就追求自己的理想。

——引自友人的诗

这是一曲振奋人心的搏斗之歌。它的主旋律，就是祖国的荣誉高于一切！

人们把体育比喻为一个民族精神的橱窗。那么，就让我们打开中国女排这个小小的窗口，看一看我们中华民族应有的精神风貌吧！

挥动黄手绢唱的歌

同年深秋，苍茫的暮色，笼罩着日本的商业都市大阪。

中国女排姑娘们乘坐的大型轿车，顺着五光十色的街道缓缓向前行驶。

① 选自《中国姑娘》（作家出版社2009年版），有改动。鲁光，原名徐世成，1937年生。著有《东方的爱》《中国姑娘》等。

多彩的夜景，与中国姑娘们喜悦的心境是相吻合的。今晚，一九七七年世界杯排球赛进入最后一个高潮——发奖。应该说，中国女排的战绩是值得庆贺的。一九七四年，中国女排在世界锦标赛中只得了个第十四名。而一九七六年六月由袁伟民组建的这支队伍，只经过一年多时间的训练，头一次参加世界比赛，就名列第四。这是我国女排自一九五三年建队以来所取得的最佳战绩。而且在世界杯的预选赛中，她们还打败过“东洋魔女”日本队。这给她们的启迪和鼓舞，也许比第四名的战绩本身还要深远得多。看来，只要努力奋斗，世界上没有打不败的对手！

靠窗坐的那位高挑姑娘，叫曹慧英，中国女排的队长。从外表看，她恬静、文雅，瓜子形的脸上，总露着几分淡淡的笑意。在赛场上，她可完全是一个“要球不要命”的姑娘，同伴们都称她为“铁姑娘”。

你看，中国队与南朝鲜队的激战正在进行。一个险球从曹慧英身边平飘而去。她飞身扑上去。球救起来了，而她倒在地板上，左腿肌肉拉伤，像撕裂似的疼痛。她用手使劲抹着受伤的部位，疼得头上冒出了汗水。本来就偏袒的裁判，看到中国队的主将倒在地上起不来，急不可待地示意曹慧英退场。曹慧英瞥见裁判那种幸灾乐祸的神情，气不打一处出，蓦地站了起来，瞪圆了双眼，忍着钻心的疼痛，继续投入比赛。这局球，中国队虽然以二分之差输掉了，但这位中国女排队长的英勇顽强的精神，却赢得了全场观众的心。“三号！”“曹——慧——英！”观众们用欢呼，用掌声，用各自喜欢的方式，表达着对她的敬意。

她从场上下来时，腿一抬就疼得像刀割似的，伤处出现了紫红色的淤血。而第二天，中国队还有一场硬仗——对世界强队古巴。外国记者们议论纷纷。有的预测，如果中国的三号不上场，双方实力的均势就将发生变化，中国队的命运是凶多吉少。可是，第二天，当银笛长鸣时，曹慧英居然又英姿勃勃地率领众姐妹出场了，这不仅使许多记者和观众感到吃惊，也给古巴女排在心理上造成了压力。她的扣杀依然那么凶狠有力，救球依然那么奋不顾身。你简直看不出她是一位伤员。其实她的伤情还真不轻，上场前打了封闭针，在伤腿上捆扎了厚厚的几层绑带。她是一位挂了彩而冲锋不息的英勇战士啊！中国队终于以三比二击败了古巴队。

此刻，这位从小就爱唱歌的河北乡村姑娘，正在心里唱着一支欢乐的歌。今天是她运动生命史上光辉灿烂的一页，大会将颁发给她三个奖：拦网奖、敢斗奖和最佳运动员奖。

“扑哧”，她笑出声来了。不过，她倒不是为一人独得三个奖而笑。她想起了一件往事，一件挺逗挺逗的往事。

她还不到十六岁时，已经长到一米七十七。在乡村里，每次走亲戚、赶集，都招来乡亲们好奇的目光。她那忠厚老实的父亲可犯愁了，心想，一个闺女家，手长脚丫大，再这么一个劲长下去，怎么得了！想来想去，终于想出了一个并不新奇的老办法：裹脚！

“裹脚?”曹慧英一听，乐得腰都笑弯了。一个高高大大的姑娘，配上一双“三寸金莲”，那成什么怪模样了呢！她嗔怪地对爹说：“你也不琢磨琢磨，如今是什么时代了，还兴这个！”

后来，她的妈妈上北京姐姐家串门。姐姐问：“妹妹长多高了?”妈妈说：“别提她了，高得要命，有个坑都恨不得让她踩进去。”接着，又感叹了一番：“那么个大姑娘了，走路没个走路的样子，走着走着就来个劈叉……”姐夫一听，倒高兴了：“怎么不叫她去练体育呢?”他认识体育学院的一位教练，写了一封推荐信。

于是，曹慧英进了体院青年集训队打排球。青训队的排球班开训已经八个月了，而小曹过去连排球都没有摸过。但好动、朴实、勇敢的性格，使她与排球一见钟情。入队不到两个月，她就上场打主力了。后来，她又到八一女排打主力。一九七六年重建国家队时，她又被袁伟民看中，调来打主力。她的成长，真可谓是一帆风顺。

爸爸呀爸爸，当初多亏没有听你的，要不“三寸金莲”怎么上场，怎么为国争光呀！她望望自己的那双大脚，心里有说不出来的喜欢。

坐在曹慧英前面的杨希，是小曹在北京体育学院青训队的同窗好友。她出生于干部家庭，从小就受到良好的教育。她长了一副高挑的身材，省体育队和体院的教练都看中了她，让她去打球。妈妈有点舍不得，因为杨希个儿虽高，但身子单薄，怕她吃不了那份苦。爸爸挺开通，说：“大家都说她是搞体育的料，那就让她去吧！”

一到排球班，她就天真地向别人打听：“练什么最苦?”别人告诉她，练长跑最苦。她想：“好，那我就练这个。”

起先，四百米的跑道跑一圈，脸就苍白，喘不上气来，头昏眼花。但她坚持跑，而且每星期加一圈。星期天，别人睡懒觉，她也早早起床，到运动场上跑步。最后，她竟能一口气跑下十七圈。她跟曹慧英一样，从青训队到八一队，然后调进了国家队。球越打越好，观众也越来越多。谁说排球没有人看呢？在日本，出现了一股“杨希热”，崇拜她的观众成千上万。比赛时，只要她一站出来发球，场上就发出有节奏的呼喊声：“唷要——希！唷要——希！”只要她扣杀了一个好球，场上就会发出雷鸣般的欢呼声、掌声。她在街头或旅馆里一露面，四周就会传来阵阵“唷要——希”“唷要——希”的呼喊声。人们簇拥过来，跟她握手。握不上手的，哪怕摸到她的手一下，也感到欣慰。签名的纸板，一叠一叠送到她手上。她自己也记不清签写了几百、几千个名字了。有的日本青年挤到她身边，递给她一支粗大的油墨水笔，然后指指自己的胸前，让她就在他们崭新的衣衫上签名留念，弄得她不知所措。而那些日本青年就将她的手拉过去，往身上写。她也记不清，有多少痴情的日本青年穿着写有杨希名字的衣服，欢笑着狂奔而去。更令人感动的是，有两位日本小姑娘，由妈妈陪着，从几百里之外赶来大阪，目的只是请这位中国姐姐签写一个名字。还有许多球迷无缘见到这位中国女球星，就托人辗转送来对杨希的赞美和祝福的录音带，也有痴情的求爱的录音带……听说日本还成立过一个五十人的“杨希接待委员会”。从日本各地给她写来的信，装了一大麻袋。

日本为什么会出现“杨希热”呢？袁伟民曾经向一位日本报纸的读者打听过。原因有四个：第一，杨希是主攻手，球扣得有力，打得漂亮；第二，杨希球风好，风度潇洒，无论赢球还是输球，脸上总是笑眯眯的；第三，杨希的名字，在日本语里，是“有人缘”的意思，叫起来响亮；第四，杨希的长相酷似日本电影明星、《绝唱》的女主角山口百惠。

崇拜者们，几乎到处跟踪着她。中国女排到东京比赛，他们蜂拥到东京看；中国女排到大阪比赛，他们聚集到大阪看。

此刻，在她乘坐的轿车旁边，就有她的崇拜者紧紧相随。只要车子在十字路口碰上红灯停了下来，这些球迷们就从各种小轿车里伸出头来，向她呼喊，向她挥手致意。

作为一个运动员，何尝不希望有自己的观众和崇拜者。应该说，杨希是幸福的。

中国姑娘们步入体育馆大厅时，成千上万辆汽车已把广场堵塞得严严实实。身着艳丽和服的日本女郎，已经亭亭玉立在入口处。发奖仪式马上就要开始了。

发奖，本是激动人心的欢乐时刻。但对中国女排的姑娘们来说，却变成了一个巨大的刺激。第一、二、三名，站立在特制的高高的领奖台上，而中国姑娘却只能站在领奖台一边的地板上。在日本的国歌声中，太阳旗和第二、第三名所在国的国旗，在旗杆上徐徐升起。日本选手和第二、第三名的外国选手，高举着奖杯，向观众致意。而中国姑娘手上有什么呢？每人手里发了一块黄手绢，按规定，她们得不停地挥动黄手绢向得胜者庆贺。

中国姑娘们从刚才来路上欢乐的峰顶一下子跌落下来。如果地板有缝，她们真恨不得马上钻进去。轻柔如云的一方方黄手绢啊，竟重得把姑娘们的手臂都压得抬不起来了。胸前运动衣上的“中国”两个大字和闪闪发光的国徽，变成了两团火，烧得她们浑身发烧，脸发烫。过去，她们也常常听到这句话：“你们是代表祖国人民出去的。”但感受不深。此时她们才真正意识到，她们确实不是几个普通的女排运动员，而是一群中国姑娘，是中国人民的代表。她们深深感到，眼下的成绩，与祖国的地位太不相称。中国人不应该站在地板上，而应该站立到高高的领奖台上去。徐徐升起的应该是我们鲜艳的五星红旗，大厅里回荡的也应该是我们雄壮的国歌。

该曹慧英领奖了。但她仍然痴痴地站在那里。同伴们捅捅她，她才迈出了脚步。她的欢乐劲儿早已烟消云散。她真不情愿去领这个奖。她心里想：“我个人即便得一百个奖，也不如全队拿一个奖杯呀！”

而杨希呢，真恨不得马上离开这儿，不，离开日本，回到祖国去。练得再苦，她也心甘情愿！

发奖仪式其实才进行了短暂的一二十分钟。但中国姑娘们却感到在这儿站了漫长的一个世纪。她们不知道自己是怎么回到休息室的。她们默默地聚集在一起，没有人掉泪，也没有人说话，休息室里的空气仿佛已经凝固了。突然，沉寂中爆发出低沉、悲壮的歌声：

“没有眼泪，没有悲伤……”

这《洪湖赤卫队》的歌声，一遍又一遍地重复着。虽然没有任何人指挥，却唱得那么整齐；虽然没有一个人是真正的歌手，却唱得那么富有感染力。这种催人泪下的歌声，在音乐会上是很难听到的。

在歌声中，一位鬓发斑白的长者，慢慢地摘下眼镜，转过身去，匆匆走出了休息室。他就是中国排球代表团团长、国家体委副主任黄中同志。他事后说，如果再呆上一会儿，眼泪就要流出来了。

姑娘们唱着这支悲壮的歌，走出体育馆，登上汽车；唱着这支悲壮的歌，穿过闹市街头，一直到踏上旅馆的台阶……

当姑娘们乘坐客机，飞翔在浩瀚的太平洋上空，飞翔在祖国辽阔的蓝天之下时，心里依然在唱着这支悲壮的歌。这歌声里凝聚着她们为祖国荣誉献身的崇高精神，凝聚着她们继续向排球运动世界高峰攀登的勇气和力量。

灵丹妙药

北京初春的傍晚。崇文门外，太阳宫体育馆门前的一蓬蓬迎春花，开得正闹。被簇簇小黄花压弯腰的枝条，竞相往前伸长着，仿佛随时准备迎接从馆里出来的女排姑娘们。

暮色由淡到浓，不久天就黑下来了。馆里灯火通明，姑娘们刚刚练完球，汗水湿透的衣衫紧紧地贴在丰腴的身上。白色的排球撒满一地，姑娘们正弯腰拣拾着。

“谁还想再加练一点?”教练袁伟民冲着这群疲惫不堪的姑娘大声问道。

“我加练一点儿!”一位灵巧秀气的姑娘抬起头来，抢先回答。她两只手抱着十个来排球，酷似一位杂技演员。

她叫陈招娣，家住西子湖畔，一位典型的杭州姑娘，是曹慧英和杨希在北京体院青训队的同窗，又是她们在八一女子排球队的球友。如果你在街上见到她，大概看不出她是一位女排运动员。其实，你仔细看，在她那江南女子的秀气中，却藏着几分野劲。那才是地地道道的运动员性格呢!

陈招娣把一大抱球放进粗铁丝焊成的筐子里，走到袁伟民跟前，用眼神说：“练吧!”

袁伟民用右手的五个手指，从筐子里抓起了一只球，猝不及防地向她扔了过去。招娣敏捷地往后退了几步，稳稳地将球垫了起来，不等她站稳，“砰!”一声，球又从教练手里飞到她的左边。她往斜里飞身迎了过去。球垫起来了，她却摔倒在地上，就势一个滚翻，又从地上爬了起来。

她的加练任务是救十五个球。如果救丢一个，就负一个球。她玩命地向球飞扑过去，滚翻起来，又飞扑过去。渐渐地，她的双腿发沉了，脸色苍白了。但她仍然不顾一切地奔跑着，滚翻着，飞扑着。当她救起第九个球时，倒在地上起不来了。

袁伟民可并不因此而停止扔球。他一边将球狠狠地扔过去，一边大声叫：“快！”“快起来！”

招娣趴在地上大口大口喘着气，眼看球从自己的身边、头上飞了过去。她不是不想去救，实在太累了，即使站立起来，也追不上那刁钻的来球。她负了两个球了。本来是自己主动要求加练的，练一会儿不就完了吗？谁知强度这么大，难度这么高。招娣心里嘀咕开了：“袁指导呀，你也太苛刻了。”

袁指导却不动声色。他一边扔，一边不紧不慢地数着：“负三！”“负四！”……

招娣也冒火了，愣劲一上来，就不顾一切了。心里说：“扔吧！扔吧！扔吧！”霍地从地上站起身，气冲冲地嚷道：“我不练了！”走到场外拿起衣裤，就径自朝门口走去。

袁伟民这个人也挺有意思的。他不冒火，也不大声嚷嚷，只是不轻不重地说：“想练就练，不想练就不练，那不行。今天练不完，明天开始就练你。”

招娣才走出几步，猛然转过身，向袁伟民快步走来，把衣裤往地板上一扔，气呼呼地说：“练就练！”

请别误会，招娣不是一个吃不得苦的女子。她生性好强，从不甘心落后。在青训队时，有一次她的脚腕扭伤走不了路，从宿舍到训练房，有一段相当长的路，而且刚下过雪，但她拄着拐杖一瘸一拐艰难地往前走，到训练房时，拄拐杖的手上打起了许多紫红色的血泡。一位场馆的工人师傅看了感动不已，特地为她的拐杖包捆上一层厚实的海绵。有一段，她每天尿血，医生怀疑是肾炎，不让她吃盐。她自己到处找书看，发现是过度兴奋造成的，就对医生说：“不碍事的，注意一点就是了。”仍然坚持进行艰苦的训练。她的腰伤相当严重，有时打完一场比赛下来，好像腰已经断裂似的，直都直不起来。有一位医生甚至不同意她继续打球，说搞不好会造成瘫痪。她含泪恳求医生：“打到这个水平，没有为国家作出贡献就下去，我不甘心呀！”她一边配合医生治疗，一边以巨大的毅力坚持锻炼，终于延长了自己的运动寿命。

这一切，袁伟民心里都一清二楚。顶撞一下他，向他发一顿火，他并不计较。说实在的，他非常喜欢招娣的这种泼辣性格。打起比赛来，她还真的拼得出，顶得住。他常说：“一个队十二个队员都应该有自己的个性，打起球来才有声有色。如果把她们性格的棱角磨平了，这个队也就没有希望了。”但此时此刻，他只是用严峻的目光瞧了她一眼，轻声地问了一声：“开练吗?”

招娣走到红十字箱跟前，撕了几条胶布，裹在手指尖上。不裹，手指尖裂开的口子，实在疼得受不了。如果从她打球算起，她用的胶布，拼凑起来至少可以做一身衣裤了。她裹好胶布，走回场去，把腰往下一猫，那意思是：“开练吧!”

袁伟民一个球一个球地扔着、砸着。招娣奋不顾身地向飞来的球飞扑着、滚翻着。好不容易把刚才的负球给补上。九个，她还是只救起了九个球！离十五个还有六个呢！很明显，招娣的动作变迟缓了。终于，她又倒下起不来了。

站在一边供球的姑娘，迟疑地不给球了。袁伟民瞪着眼，叫道：“给球!”他仍然不慌不忙地扔着球，冲着躺在地上的招娣喊：“球！喂，看球!”

一个，两个，她又负了好几个球了。她感到满肚子委屈，站起身，看也不看教练，拿起衣服，又径直向门口走去。她实在忍受不了了，世界上哪有这么狠心的教练呀！如果说，真有铁石心肠的话，我看他的心比铁还硬。想着想着，眼泪涌出了眼眶，洒落在光洁的酱黄色的硬木地板上。

“走也可以，还是那句话，明天一早就练你!”身后又传来袁伟民那不紧不慢、不软不硬的声音。在平日，袁伟民那夹杂着苏州乡音的普通话，在这位杭州姑娘听来是那么亲切动听，有时她还淘气地跟他说几句婉转似莺啼的苏州土话。但此刻，他的声音不但不亲切，不动听，而是那么冰冷和刺耳，字字句句都像从冰窖里蹦出来的。

她依然往前走着。不过，脚步显然放慢了，一步比一步迟缓。快走到门口时，她站住了。她那被极度疲惫和委屈情绪弄得热昏了的头脑，开始冷静下来，理智回到了她的心中。她像一截木头被钉在那儿，一动也不动。

袁伟民也站在原地没有动弹，目光盯着这位任性的姑娘，他像一尊石雕似的，手里还抓着一个球，一副随时准备砸出去的样子。

姑娘们用担忧的眼神望着他。她们恨他吗？恨！有时恨不得扑过去，狠狠地咬他一口。不过，事后冷静下来想想，又觉得他应该这样。不这样，怎么去赶超世界强队，怎么去为祖国争光呢！

一九七八年，简直是中国女排的倒霉年！从日本回国后不久，队长曹慧英在一次国际比赛中受了重伤，半月板撕裂，住进了医院。腿伤未愈，又发现有肺病，转到结核病医院治疗。在出访中，坐车又不幸发生车祸，好几位姑娘受了伤。更惨的是，这年去苏联参加世界排球锦标赛，连第四名都没有保住，只落得个第六名。但她们没有在厄运面前屈服，既不怨天尤人，也不灰心丧气。她们从技术上、思想上进行了认真的总结。

她们明白，冲出亚洲并非易事，走向世界更是困难。中国女排的崛起，不能靠侥幸，只有靠自己苦练巧练！

看着招娣那汗湿了的背影，姑娘们的心情是很复杂的。她们深深地同情她，可又生怕这个任性的姐妹真的会离开自己的球场。有两位姑娘沉不住气，迈动脚步向招娣走去……

正在这时，招娣也迈动脚步了。不过，她不是往前去“抢红灯”，而是来了个向后转，步子那么猛，动作那么冲地向球场走来。她回来干什么，不用问了。

加练，又继续下去了。

不知是喘息了一会儿，还是来了一股邪劲，招娣练得完全忘我了。

袁伟民见她那么奋不顾身地扑救来球，就笑着说：“招娣，可以减掉几个！”

招娣用泪眼瞪了瞪他，发狠地说：“不要你慈悲！”

袁伟民的话，其实也是一种激将法，因为他深知招娣的性格。

她终于以惊人的毅力，垫起了十五个球。

当她们淋浴后，走出体育馆大门时，那蓬蓬迎春，正在乍暖还寒的春风中，摇曳着黄灿灿的花枝，热情地赞美这群迟归的姑娘。但是，姑娘们拖着沉重的双脚，匆匆地从它们身边走过，压根儿就没有留意迎春花的多情。也许，它们何时发绿长叶，何时含苞，何时开花，她们也没有留意过呢！

回宿舍，她们得上五层楼。五层楼的楼梯有多少个台阶？姑娘们心里可清楚啦。她们用手扶着栏杆，慢慢地抬起腿，龇牙咧嘴的，有的还发出“哎哟”“哎哟”的呻吟声。每上一个梯阶，都这么艰难。上上停停，停停上上，凭借着淡黄色的灯光，互相瞧瞧，一个个都是这副狼狈相，真是哭笑不得。谁能想到，一群风华正茂的年轻姑娘，一群充满活力的年轻运动员，上个楼梯竟这么艰难！

在女排训练场上，像招娣今晚这样的“两走两练”的情景，倒不很多。

这是由她那直率、坦然而又带几分愣劲的独特个性所决定的。但练得这样艰苦，甚至比这更艰苦的，却大有人在。

这里是湖南省郴州集训基地。这天，温文尔雅的杨希因为大腿肌肉受伤，躺在屋里休息，记者正好访问了她，打趣地对她说："杨希，过去见你总是笑眯眯的，今天可见到你哭了。"杨希挺实在地回答说："我哭得可不少，不过，你们不常来看我们训练，见不着就是了。"接着，她又补充了一句，"我们队上哪个姑娘没有掉过眼泪呀！你不知道，我们的指导呀，在训练场上从来没有说过满意的话，总是不满意，不满意。要我们往上呀，往上呀，去赶超世界强队呀。天天努力，天天达不到他的要求。还让我们天天斗争，天天打胜仗呢！一个人哪能天天打胜仗呀！就拿这二十来米的路来说吧，每天一步一步往训练房走的时候，心里都在斗争。今天身体实在太累了，伤也犯了，厚着脸皮请一次假吧，可到场上看别人都那么练，自己又不好意思开口了。忍着伤病练吧。一天练下来，浑身酸疼，饭也懒得去吃。晚上往床上一躺，是一天中最舒服的时候。可一想到明天，又犯愁了，明天该怎么练呀！人们都说，共产党人是钢铁意志，我们真是钢铁意志呀！只要你稍微松一点，就会被他盯上，抓住你补课……"

杨希就给补过一次课，而且还是在国外访问期间呢！她一口气练习滚翻救球四十分钟。两层裤子都磨烂了，两只大腿都磨破了皮，渗出鲜红的血来。夜里，随队医生给她敷药时，说："如果让你妈妈看见，该心疼了！"也不知怎么搞的，她听了这话，眼泪就禁不住刷地流了出来。

杨希扬扬两道细长眉毛，咬了咬嘴唇，又对记者说："我们从来都不让爸爸、妈妈看我们训练的。他们看到自己的宝贝女儿练成这副模样，非哭着把我们领回家去不可。平时回到家里，也从来不告诉他们练得如何如何苦，只是说，练的时候累一点，练完了就不累了。他们去看过我们打比赛。我们在场上摔了几下，他们就担心得不得了。回到家里总问：'摔得疼不疼？'我们就说：'不疼。'说真的，人都是肉长的，能不疼吗？不过，比起训练来，比赛算是我们最轻松的时候。还有一次，我回家去，妈见我这么瘦，一个劲地追问我，是不是练得太苦了。我告诉她：'妈，我们运动员不能胖，胖了就跳不起来，打不了球。'妈信了，后来街坊邻居问我为什么这么瘦时，我妈还帮我说呢！"她突然想起什么别的事似的，话题一转，问起记者来，"你说，人有多怪呀？"其实，她并不需要别人的回答，自己笑了起来，接着说下去："练得苦时，真想休息半天，哪怕受点轻伤休息半天也好。可是等你真受了伤，这么躺在床上，心里就不是滋味，又想马上跟大伙儿一起去练。不过，平时真休息半天时，那可宝贵了，又想美美地睡上一觉，又想写封信，又想看场电影，又想看篇小说……真不知道该怎么过才好呢！"

的确，中国女排姑娘们的生活节奏是紧张的。清晨，朝阳还没有从东方升起，她们像一片美丽的朝霞，从宿舍飘向训练房。傍晚，夕阳已经西沉，她们才像一片绚丽的晚霞，从训练房飘回宿舍。她们常常紧张到没有闲情逸致欣赏大自然的美景。有时候，她们会突然发现马路两旁光秃的树木绿荫如伞，花木葱茏，于是像哥伦布发现了新大陆似的，惊讶地欢叫起来。有一天晚上，陈招娣对记者感叹地说："人家的青春，是在花前月下度过的，而我们的青春却在流汗、疲惫、困倦、头脑发胀之中度过，在紧张、激烈的旋律中度过。"记者回答她说："但你们的生活过得多么有意义啊！"招娣颔首笑道："那倒也是。我们站在高高的领奖台上，当庄严的国歌在我们耳畔回响，灿烂的国旗在我们头上冉冉升起的时候，我们是感到自己所付出的一切代价都是值得的。将来，当我们都变成白发苍苍的老太婆时，回想起今天的生活，将会感到自豪，因为，我们的生活过得很充实，我们的青春年华没有白白地流逝，它曾经为我们的祖国放射过光和热。"

中国的"铁榔头"

世界上还有什么幸福能超过人民对自己的信任呢！

四十七次列车离开北京，冲进茫茫夜海，风驰电掣般向南，向南……

在卧铺车厢里，一位高挑个儿的姑娘，凭窗眺望。她颀长、结实、健美。微微鬈曲的黑发拢在脑后，分扎成两绺，轻巧地垂挂着。深红色的运动衫领子，悄悄露在深蓝色的外套上，仿佛是一枝"出墙"的红杏。虽然我们看见的是她的背影，但可以感觉到，在这位姑娘的身上洋溢着青春的活力和蓬勃的朝气。

车窗外，一片漆黑，夜色正浓。只有点点灯火，偶尔从她眼前向后飞逝而去。郎平啊，你是在欣赏祖国大地的夜景呢，还是在沉思默想？也许是那瞬息即逝的灯火，把你带回到昨晚为全国十名最佳运动员授奖而举行的健美晚会上去了吧？

对这位刚满二十岁的北京姑娘来说，那确实是永生难忘的。当她接受鲜艳的花束和银色的奖杯时，座无虚席的首都体育馆里，爆发出海涛般的掌声。何止是到会的一万八千人在鼓掌呢，她仿佛还听到投她票的十几万球迷的掌声和没有投票机会的千千万万普通观众的掌声。她手捧鲜花和奖杯，激动得含泪欢笑了。

她欢笑，但并不沉醉。她深深地懂得，自己是代表女排集体来领奖的。排球运动是一个集体项目，赢得的每一个球都要经过几位同伴之手，都凝聚着战友的汗水和心血。个人球艺再高，如果没有同伴的合作，也将一事无成。她想起了朝夕相处的同伴们：风度翩翩的老大姐孙晋芳，沉着顽强的张蓉芳，敢打敢冲的陈招娣，文静果敢的周晓兰，憨厚纯真的陈亚琼，埋头苦干的曹慧英，和蔼可亲的杨希，沉静灵巧的张洁云，聪慧灵敏的周鹿敏，腼腆壮实的梁燕，活泼爱笑的朱玲，还有那严厉而又亲切的指导、领队……总之，她想起了队里的每一个人。

当她和妈妈随着潮水般的人流涌出体育馆时，她用一条驼色的拉毛围巾，几乎把整个脸都严严实实地遮掩起来，只露出那双明亮的眼睛。奖杯呢？它装在一只又长又大的橙黄色的提包里。她一点也不炫耀个人，把自己融进了普通观众的行列。

回家的路上，她的思绪像滔滔的江水在汹涌澎湃。

银杯啊，怎么这样沉？啊，那里面盛满了自己和战友的汗水。

银杯啊，怎么如此重？啊，那里面装着祖国和人民的殷切期望。

回到家里，已经夜深了。但郎平的爸爸、妈妈还围着银光闪闪的奖杯看呀看，总也看不够。郎平的爸爸，是个球迷。而她的妈妈，却一点也不懂体育。当初，女儿要去打球，妈妈投的是反对票。她看到女儿身体瘦弱，不放心让她去。而爸爸呢，却苦口婆心地说服她。女儿到了球队之后，只要在北京打的球赛，他总要去看。在外地打的比赛，如果他出差路过，那也非看不可。其实，开始时，他对排球的打法也不是很懂。只不过是为女儿打好而高兴，为女儿失误而焦急、惋惜。郎平开玩笑地对他说："爸爸，你看球，真比我在场上打球还紧张呢!"而妈妈的关心，是别具一格的。她生怕女儿吃不好，每次外出都给她带吃的，什么凤尾鱼呀，糖果呀，总是一装就是一满袋。一九七九年夏天，郎平在四川打比赛，给她姐姐写信说身体不太舒服。妈妈知道了，悄悄给女儿寄去两斤巧克力。巧克力送到郎平手上时，已经化了。郎平手捧着滴着咖啡色糖水的包裹，心里比那炎夏的天气还热。妈妈呀，你可真是一片慈母心啊！近两年来，妈妈也开始看球了。她身体不是很好，多半是在电视里看女儿打球。

郎平回家时，妈妈问她："哎呀，你们怎么老摔跟斗啊？"

郎平告诉她："妈妈，那是打球需要，存心摔的。"

妈妈可不管存心还是不存心，心疼地说："往后不许那么使劲摔！"

郎平跟妈妈说不清，只得笑笑说："妈，我们以后摔轻一点……"

自从郎平到国家队打球以后，几乎没有机会跟妈妈、爸爸在一起过个团圆年。如今，离春节只有几天时间了，而且她又患着感冒，妈妈是多么希望女儿留在身边多住几天啊！但是女儿的心早已飞了。中国女排不在北京，前几天已经去湖南郴州冬训了。她决定明天就南行，去追赶自己的队伍。温暖的战斗的集体，像一块强大的磁石，深深地吸引着她。

南行的列车，呼啸着飞速向前。此刻，郎平已经困倦了。她曲着腿，躺卧在狭窄的铺位上，沉沉睡着了。趁她酣睡的时候，让我们掀开她打球的简历表看一看。

从孩提时代起，她练过绘画，迷过音乐，又幻想过当飞行员，还想过当工程师。十三岁那年，父亲带她去体育馆看了一场国际排球赛。她惊喜地发现，平日上体育课托不了几下就往地上掉落的排球，在运动员们的手上竟然那么听话，这简直是令人陶醉的艺术啊！于是心里萌生出一个新的理想：当运动员！

别看她现在身高一米八十四，可当时还只有一米六几，长得又细又高，体重只有七十多斤，体质很孱弱。但她不管这些，自信自己能当一个好运动员。她跑到北京市第二业余体校报名。那儿的教练张媛庆觉得她太单薄了些，犹豫了片刻，竟然出人意料地同意收下了这个瘦弱的女孩。

她盼着有一天自己也能穿上印有"北京"字样的运动衣，代表首都人民参加比赛。于是，她夏练三伏，冬练三九，成千上万次地挥动长臂苦练枯燥乏味的基本功。有一次，她的脚脖扭伤了，怕回家后妈妈不让她来体校，就星期天也不回家。平时回家她也不忘带个球回去，对着墙壁托球，弄得墙头上印满了排球的痕迹。两年后，她跻身于北京女排的行列，而且成了主力队员。但是，她又多么盼望有一天胸前的运动衣缀上庄严的国徽，代表祖国人民去与世界强队争胜负啊！一年之后，她的愿望又实现了。袁伟民决定起用这位不满十八岁的年轻姑娘参加第八届亚运会，而且让她顶替著名的主攻手杨希，打四号位。

在泰国曼谷，郎平像一颗奇异的新星，在排球坛上升腾而起。在与南朝鲜队的比赛中，她那力大势沉的凌厉劈杀，森严凶狠的拦网，为中国队的胜利立下了汗马功劳。她被称为“中国女排的新兵器”。可惜在迎战“东洋魔女”日本女排时，她的脚扭伤，影响技术发挥，扣杀常常不能奏效。而且在日本姑娘的严密防守面前，她的扣杀也暴露出过于单调平板的弱点。没有打完一局，袁伟民就把她换下来了。比赛结果，中国女排以〇比三败北。一位观众来信指责说：“不该在这种关键时刻，起用一个没有把握的新手，这是中国女排的教练用人不当。”这对一帆风顺的郎平来说，是一个莫大的刺激。她感到委屈。于是，她又把目光瞄向世界几个强队的主攻手，发奋追赶。不到一年工夫，她的发奋努力就结出了成功之果。一九七九年末，在香港举行第二届亚洲女子排球锦标赛时，她为中国队荣获冠军立下了战功，被人们誉为中国的“铁榔头”。中央电视台播放比赛实况录像时，荧屏里是一片“郎平！郎平！”的呼喊声；荧屏外也是一片“郎平！郎平！”的欢呼声。她确实像一把当当响的铁榔头，发挥了振奋人心的威力。她的进攻力量，得到了世界排球界人士的高度评价。人们把她称为堪与美国身高一米九十六的海曼和古巴的玻玛列斯媲美的世界三大主攻手之一。

列车急速南行，南行。郎平恨不得列车飞驰得快些再快些。经过三十来个钟头漫长的旅途生活，她终于在郴州与自己的队伍相聚了。她是那么高兴，才离别几天，宛若几年。

郴州的春天，细雨绵绵，无休无止，仿佛是穹隆漏了似的。训练基地坐落在北湖公园里。公园不算大，但有山有水，有楼台亭榭，有喷水池，有金鱼，有群猴，姑娘们的宿舍后面还有一片桂花树林。但郎平是无暇欣赏这一切的。除了饭堂、宿舍之外，只有在那座竹席棚顶的简易训练房里才能看见她挥汗如雨的高大身影。

对郎平来说，这是一次极为平常的训练课。暮色已经降临，姑娘们都已完成了任务，拖着疲惫的身子向宿舍走去。但她还在里面练习发球。袁指导给她的任务是再发三组球，每组三个好球，如发两个一般球或两个失误球，就得再加一组。场里除了郎平“砰”“砰”的发球声，就只有袁伟民的裁判声：“一般！”“失误！”她发了好一阵，任务不但没有完成，相反又加了几组。郎平抚摸着酸疼的肩膀，有点发急了。她透过墨绿色的球网望了望教练，袁伟民不动声色地伫立着，双手紧抱在胸前。那神态是说：“完不了，别想下课!”没有一点商量的余地。

郎平自言自语地说：“我奉陪到底!”她发狠地拿起球，又“砰”、“砰”地发了起来。

“停!”袁伟民神态严峻地走了过来，“不要发菜球！累了可以休息一会儿。”

什么叫菜球？郎平当然明白。顾名思义，菜球就是送给对方吃的小菜，即没有威胁力的“和平球”。比赛时，好不容易争回一个发球权，发菜球那是绝对不允许的。郎平暗暗责怪自己，怎么发出菜球来了呢？不行，绝对不行。她走动了几步，挥动了几下胳膊，又叉着腰沉思默想了片刻，重新开始发球。

“砰”、“砰”的发球声，“好球——好球”的裁判声，一直响着响着，响到很晚很晚。当郎平拖着沉重的步子走出训练房时，一位记者半开玩笑地悄声问她：“指导会不会存心整你?”她用手抹了把脸上的汗水，微笑道：“那可说不准。”袁伟民知道了此事，风趣地说：“今天没有。不过，‘整’过她不少次就是了。”

新春佳节来临了。宿舍的走廊上挂起了四盏古色古香的大灯笼，住屋外面的墙头的窗户上悬挂着缀满“梅花”的树枝。女排的姑娘们也休息了一天，开联欢会，放鞭炮，吃花生，嗑瓜子……这些瓜子是哪里来的？是郎平用她所获得的，首都新闻单位举办的“十佳”运动员评奖的奖金买的。

年初二，她们应衡阳市人民的邀请，去打表演比赛。打完比赛已经是晚上十点多钟了，但领队和指导却不让姑娘们走，说是要补一补课。

“郎平，你怎么不动弹呀?”指导点着名呼叫她。

郎平站在场地外边，依然不动。她正不舒服呢。

教练走过来，又一次问她：“怎么啦?”

郎平说：“指导，我有点恶心，想吐。”

教练心里明白，但他还是说：“想吐就吐，吐完了再上场补课!”

教练的心肠就是狠，不近情理！不过，郎平却没有埋怨的意思，你不让她上，她自己还想上呢！她清晰地记得，去年春天，她们出访美国，从香港到斯普林斯，坐了二十多个钟头的飞机。这座高原城市海拔二千多米，疲倦加高原缺氧，使她们非常不舒服。晚上练习时，八个姑娘边练边吐。吐还要练。当时她们真恨教练太不体谅人。但第二天比赛时，她们却感到精神很好，以三比一赢了美国女排。在整个访美比赛中，她们取得了六胜一负的战绩，其中在旧金山一场，有一局还使美国队吃了一个“鸭蛋”。只有这时，她们才真正明白，教练为什么不顾她们呕吐还要狠心坚持训练。练为战啊！这天晚上，郎平也是怀着这种心情，坚持把课补完的。

这就是袁伟民的“整”。所谓“整”，就是有意制造困难，用各种意想不到的手段，来磨炼她。

说也奇怪，郎平却喜欢指导的这种“整”。虽然有时“整”哭了，觉得苦得受不了，但下来后又感激指导，希望指导以后再“整”自己。因为她明白自己在队里挑大梁的地位。世界上的几个强队，谁不研究她！他们把她的技术动作拍成电影，录了像，正在作为“强敌”，研究攻克的对策。要想使榔头继续敲响，就得不断锤炼。而教练的每一次“整”，不都是对自己的一次锤炼吗？

千锤百炼吧，中国的“铁榔头”！有朝一日，当祖国人民需要你“一锤定音”时，切盼你能够敲得重重的、响响的，敲出我们的国威来！

把掌声分给她一半

“外行看热闹，内行看门道。”一般人看排球比赛，往往把自己的热情，全部倾注在“一锤定音”的攻球手们身上。而内行的观众，却总把自己的掌声和欢呼声，分一半给场上的灵魂——二传手。

二传手孙晋芳，是中国女排的队长。身材匀称，体格壮实健美。在高个如林的同伴中，她的个头并不算高，也许还稍微矮了一点。两只眼睛是细眯着的，一流汗，就眯得更细。难怪同伴们都亲昵地称呼她“小眯”。不过，透过那细眯的眼缝，闪射出来的却是机敏、聪慧而又幽默的目光。她的神态从容不迫，颇有一种大将风度。

仔细的观众不难发现，场上每一个球，在杀向对方之前，几乎都得经过她的手。而她的传球技艺，高超得惊人。无论多么险恶的来球，只要经过她的手一调整，一缓冲，顷刻间就化险为夷，变得平和起来。对于她的球艺，一位体育记者曾经作过如下的描写：“如果说向她飞来的球像一团团熊熊燃烧的烈火，那么，从她手里飞走的球已经变成一缕缕袅袅青烟……”自然，这是艺术夸张，不过，看她打球时又确确实实有此种感觉。

孙晋芳是江苏人，说一口像音乐似的婉转动听的苏州乡音。小时候，人家都说她瘦弱得可以被一阵风刮跑。胳膊肘也细得像一掰就能折断。一位弱不禁风的姑苏少女，怎么会成为闻名世界的优秀运动员呢？是学校里的体育老师看中了她，把她推荐给青少年业余体育学校，此后，命运之神就使她和排球结下了不解之缘。

她朝夕苦练的动人情景，是难以一一描述的。让我们展示其中的一幕，而且是她在训练之余自我苦练的一幕。

石头城南京，孝陵卫宿舍的走廊里。孙晋芳和她的球友张洁云正在练习托球。也许是走廊的廊顶过于低矮，或是两边的墙壁过于拥挤，托不了几下，球就碰落地上。但她们不泄气，捡起球，又一下一下托起来。三伏天，南京是闻名全国的大火炉，闷热得厉害。室外有的是空旷的天地，干吗非要在走廊里练球呢？这是大有道理的：在这又矮又窄的地方如果能传递自如，那么到空旷的球场上传球就更加得心应手了。汗，汗，如雨的汗！原来蓬松漂亮的头发，湿淋淋的，已经粘到一块儿去了。运动衣衫的颜色被汗水浸染得由浅变深，只要轻轻一拧就可以拧出一摊汗水。她们简直像两个刚刚从水里钻出来的人。一边托，一边数，一，二，三，四……一直数到五百多下。廊顶仿佛突然升高了，墙壁和门窗也似乎向两旁闪开，狭小的走廊啊，宛如变成了一个无边无垠的空间。更神的，还是孙晋芳的那双手，仿佛变成了两块磁石，吸引着飞舞的白球。

有一双挥洒自如的手固然是至关重要的，但作为一名优秀的二传手，还必须具有宽大的胸怀。用姑娘们自己的语言来形容，那就是心里要能撑进去一条船。二传手是无名英雄，掌声一般都冲着攻球手，而责怨却常常落到她的头上。而她的自尊心又强，脾气又倔，心海里还曾经有过不少阻挡船只撑进去的暗礁。

这是发生在一九七九年夏天的一件事。中国女排访日比赛的最后一场。中国队轻取前两局，从第三局开始，处于逆境。新手郎平的重磅扣杀，屡不奏效。孙晋芳提醒她："郎平，注意攻球线路！"郎平竟然毫无反应。过了一会儿，郎平冲着她说："给球高一点！"小孙心里掠过了一丝不悦的阴影。球，在场子里飞过来飞过去，仿佛是一个任人摆布的无情之物。其实，它还是有情有意的。运动员的喜怒哀乐，即使是瞬息的变化，都无不在它的身上反映出来。尽管袁伟民还不知道场上发生了什么矛盾，但从性格外露的苏州姑娘撇起来的嘴巴上，已经洞察到小孙心里有了不痛快事。他叫暂停，把她换了下来。因为场上的局势正吃紧，袁伟民不能离开指挥岗位，便叫坐在身边的邓若曾去跟她谈谈。

邓若曾心里窝了一肚子火。他是队里谁人都知的恨铁不成钢的婆婆嘴。心是好得没法子说，嘴上却数落你个够呛。他对孙晋芳说："不管场上出现什么矛盾，你也得把球打好。有什么事，下来再解决，这是祖国荣誉攸关的事！……"

小孙重新上场时，嘴倒不撇了，也想扭转败局，但遗憾的是怎么也扭不过来，最后还是输掉了这场球。

回国后，领队和教练又相继找她谈心，党小组也开会帮助她。起先她心里还不服。心想，一个新队员，在场上竟然不理睬一个老队员和场上队长的提醒，而且还用那样冲的口吻要求老队员，未免太那个了吧！她跟郎平住一个屋，有几天进进出出都相对无言。但小孙毕竟是个心里藏不住事的姑娘，有天晚上，终于开口了："郎平，那天场上，你对我的提醒怎么理也不理呀？"郎平惊讶地问："你提醒我什么来着？场上吵闹得太厉害了，我一点也没有听见呀！"

糟糕，真糟糕！原来是自己误会了人家。当然，郎平年轻气旺，性子也直，老扣不死球，心里焦急，说话口气可能冲了一点，但郎平自己并没有意识到，何况这是一个误会呢。即使郎平真的责怪她，自己也应忍辱负重，以祖国荣誉为重呀！输球的原因，当然是多方面的，但她与主攻手配合失调是一个不可饶恕的过失。要知道，在二传手与主攻手之间，是不能有半点疙瘩的。她悔恨自己心胸不宽阔，决心继续磨练自己，要把心海中的暗礁一块一块炸平。

看，她是用多么顽强的意志在磨练自己呵！

明明她是忍受着腰伤坚持训练，但指导却一个劲地点她的名："小孙，把大家的情绪调动起来！"她不知为此类事抱过多少委屈：又不是我不好好练，干吗老盯着不放呢？指导却说："你是队长，是全队的灵魂，对你要求就是要不一样。"有时，袁伟民还存心找茬"整整"她。

那天是孙晋芳一个人练防守。不知怎么回事，她的嘴又撇了起来。袁伟民和邓若曾心想，今天就要整整你的这个倔脾气。他们对场上的其他队员说："你们都不练了，过来看小孙练！"小孙一听，更不高兴。打了这么多年球，她还是头一次碰上这一招呢！我又不是没有完成任务，干吗要跟我这么过不去？但当着这么多队友的面，不好发作，只得强压着心里的火气。

袁伟民对围拢过来的姑娘们说：“今天小孙什么时候说练顺了，就完事。”他不停地给她扔球，小孙前后左右扑救。姑娘们站在一旁为自己的队长呐喊加油。小孙的脸仍然绷得很紧，一丝笑意也没有。

第二次休息之后，孙晋芳终于说了：“指导，我气顺了。”但脸上还是没有一丝笑容。

袁伟民心里也明白，嘴上说是顺了，心里并没有顺。不过，对孙晋芳来说，能当着这么多人的面说出这句话来，还是很不容易的。

当晚，袁伟民找这位同乡谈心。他推心置腹地对她说：“心里的疙瘩还没有解开吧？”小孙突然来了一句：“我的犟劲是向你学来的呀！人家都说你当运动员时，比我还犟呢！”袁伟民笑笑：“犟劲也有好坏之分。你不要学我不好的那种犟劲嘛！”小孙脸上终于有了笑容了。袁伟民语重心长地接着说：“不是我和邓指导要你小孙拜倒我们脚下，服服帖帖地顺着我们。不是的，这是场上的需要，事业的需要。你想想，你是场上队长，我们的指挥，我们的战术意图，都是要通过你去实现的。一局球，我们只能暂停两次，每次只有半分钟。我们的意见再好，你不去兑现，也等于零。况且，你的喜怒哀乐，你的情绪起伏，会直接影响队员，影响胜负……”

这些亲切、真诚的话语，像一股温煦的春风，吹进了她的心扉。她的气，真正顺了。

船呀，终于撑进了她的心海！她熟知每一个同伴的性格、脾气、身体和技术，比赛时总号着她们的脉搏给球。郎平的性格爽朗，兴奋时容易跳早，球要给高些。她身体疲惫时，容易跳不起来，球要给近网，不给远网。招娣敢打敢拼，是一员虎将，但有点愣，发急时，不能轻易给她球，而要提醒她：“招娣，别急！别急！”毛毛勇敢倔强，技术全面，什么球都能打，不过给球还是宁近勿远，宁矮不高，宁快不慢。晓兰性格内向，稳得住。亚琼不能埋怨，要多鼓励。梁艳年轻，眼疾手快，给球的速度要跟得上……

凭着她对每个同伴的这种细致的了解和充分的信任，也凭着每个同伴对她的了解和信任，六个上场队员默契得恰似一个人一样。你看，在发球前的一刹那，同时有两三个攻球手把手伸到身后，向她发出打什么战术的信号。她如电的目光飞扫而过，灵敏的头脑迅速进行分析，而且马上用手势回答同伴……于是，一套套令人眼花缭乱的快速打法：平拉开、短平快、交叉、背蹓……纷纷呈现在你的眼前；一幕幕惊心动魄的战斗场面，就由她导演出来；一支支悦耳的乐曲，由她指挥而生。

一位观众写信赞扬她："……看你打球，使人想起了听交响乐，在你的指挥棒下，可以演奏出各种各样旋律不同的优美乐章。"

现在，孙晋芳已经是一位"世界优秀的二传手"，是一个成熟了的沙场老将。但她的年龄也随着增大了，今年已满二十六岁。"老"与伤又往往是一对孪生姐妹。腰伤较重，病痛常常折磨着她。在赛场上，她始终是那样斗志旺盛、生龙活虎，一走出赛场就往往直不起腰来。去年南京国际女子排球邀请赛时，中国女排力挫日本队和美国队。为了打好这次比赛，她赛前打了"封闭"针。发奖那天，中国姑娘们高举奖杯向观众致意，孙晋芳不得不用手扶着自己的腰。

如果把中国女排的姑娘们比为一颗颗璀璨的珍珠，那么，孙晋芳就是一条闪闪发光的金线，把颗颗珍珠串连在一起，中国女排才成为闪耀着奇光异彩的战斗集体。

应该把欢呼声和鼓掌声分一半给她！

深深的海洋

炎热的夏天，女排的姑娘们到秦皇岛海滨作十天半月的休息和调整。比起训练馆和体育馆来，浩瀚的大海，是一个神奇的世界。往日，不断向她们飞袭而来的是白色的大圆球；而今，展现在她们眼前的，是大海上数不清的洁白的雪浪花；往日，她们脚下踩踏的，是坚硬、光滑的地板；而今，在她们脚下向远方伸延的，是潮湿、细软的沙滩；往日，在她们耳边响着的是"砰砰"的击球声；而今，在她们耳际轰鸣的，是大海的浪涛声。姑娘们爱大海！爱日出和日落的壮观，爱狂涛巨澜，爱辽阔和粗犷……

大海扬波，靠地球自转、潮汐和飓风；那么，姑娘们心海里的波涛，靠什么力量激荡呢？

这里，不妨展读几封观众的来信。

一位大苗山的瘫痪青年在信中写道："今天是我二十六岁生日。往年过生日，我都是在极度痛苦和悲伤中度过的。我是个患风湿瘫痪病的青年，已经在床上度过了十二个年头。可是，今天，当听到你们胜利的捷音后，我哭了，是幸福和激动的眼泪。……”

北京的一位大学生在信中写道：“现在我们才真正体会到，体育能激发人们的爱国热情。当五星红旗升起的时候，当国歌奏响的时候，作为一个中国人，谁能不为此感到骄傲，真恨不得对这茫茫的苍天，茫茫的大地，喊一声：‘我是一个自豪的中国人！’而这一切一切令人感动不已的成绩的得来，全靠你们平时的汗水，战时的毅力和拼命精神，你们是当今当之无愧的最可爱的人。”

河北的一位省政协委员竭力赞扬排球队的那种“坚韧不拔”的精神。他在来信中说，全国同胞只要有这种坚韧不拔的精神，就能早日实现四化。这位老人向中央建议，将“坚韧不拔”的精神定为“国魂”。

一位年轻的教师在信中说：“国家兴亡，匹夫有责。由于你们的胜利，为国家民族争得了荣誉，唤起了全国人民，特别是青年学生的爱国热情，也唤起了我对国家前途的信心，使我心灵深处的一潭死水重新荡漾起希望之波。我以前看不到出路，只是徘徊。现在我看到了，为了民族，为了中华之觉醒，我们这一代不能徘徊，要奋斗，奋斗！”

这些信件，是我国男女排在香港世界杯排球预选赛获胜后收到的。不是几十封，几百封，而是成千累万，从祖国九百六十万平方公里的土地上，像雪片般向她们飞来。观众们除了表示庆贺之外，高谈阔论的并不是排球，而是“精神食粮”、“国魂”、“理想”、“信心”、“希望”……居住在首都的青年们，则把她们请去，尽情地向她们抒发被排球所激起的爱国热。她们永远忘不了，来到北京大学时，青年学生们一边高呼着“团结起来，振兴中华”的响亮口号，一边把她们裹进了人流。从西门到礼堂，只有一二百米的距离，学生们却抬着她们，簇拥着她们，走了一个多钟头。沿途，学生们挤掉的鞋，不下于上百只。

数不清的观众的来信，广大青年的爱国热情，犹如千万股滚滚的爱国热流，汇成了一个汹涌澎湃的海洋。观众们的每一句热情话语，少先队员们送来的每一条鲜艳的红领巾，幼儿园小朋友们寄来的几分硬币，港澳同胞语重心长的叮嘱……这一切无不在姑娘们的心海里掀起一朵朵雪浪花。姑娘们清晰地听到，每一个浪涛都在响亮地呼喊：“为国争光，振兴中华！”

当读者们读到这篇拙作时，引人瞩目的世界杯排球赛该已经结束了。笔者写作时，尚无法预测这次世界大赛的结果。赛前，中国女排的姑娘和她们的指导都十分清醒，争夺世界冠军桂冠的道路并不平坦，赛场上将是一连串翻江倒海般的大搏斗。当然，与四年前相比，中国女排的阵容更整齐强大了，技术、战术也有了显著的进步，她们堪称世界第一流的队伍。用运动员们自己的话来说，离顶峰只差一个台阶了。用徐寅生的话来形容，中国女排与世界冠军只隔着一层纸了。但要登上这最后一道台阶，要捅破这一层纸，并非易事。不过，不管征途上有多大的困难，我们的姑娘们都决心奋力去登攀。四年前，姑娘们唱着“没有眼泪，没有悲伤”的歌，从日本回来。这次她们该唱着一支什么歌回来呢？

当今世界排坛强手如林，赛场的风云是很难预测的，会出现某些偶然的因素。但无论胜败如何，三十年来她们为“走向世界”所作的努力，她们代代相沿的为祖国荣誉而搏的精神，都是值得赞扬和讴歌的。使人欣慰的还有，就在她们身后，比她们更年轻的一批新手已成长起来，并且正迅速地走向成熟。她们将不间断地搏斗下去，追求下去……

她们追求的目标是世界冠军吗？是的，又不尽然。她们一代一代苦苦追求的，是祖国母亲的伟大前程啊！

赏读

1981 年，第三届世界杯女子排球赛在日本举行，中国女排以七战全胜的姿态，成功击败上届冠军日本队，首次获得世界冠军奖牌，这也是中国三大球类项目（足球、篮球、排球）收获的第一个世界冠军奖牌。女排世界杯赛场上首次升起了中国国旗，举国人民为之热血澎湃。鲁光的报告文学《中国姑娘》叙述的，就是这支中国女排队伍热血征战的历程。当鲁光的报告文学《中国姑娘》在《当代》刊登后，便如引爆了“女排原子弹”，全国数十家报纸纷纷给予转载或连载，单行本更是一版再版，一时间洛阳纸贵，神州大地刮起一股女排热。当时，日本出版了《中国姑娘》的日文版，书名改为《红色魔女》，从中亦可见女排姑娘给世界排坛带来的巨大冲击。

《中国姑娘》是一篇报告文学。报告文学是介于新闻报道和文学作品之间的一种文学样式，既要求作品具有新闻性，又要求作品具有文学性。新闻性要求叙写现实生活中真实存在的人物，特点是真实性。《中国姑娘》的作者鲁光一直跟随中国女排训练，亲眼见证了女排姑娘们艰辛的训练和比赛，他向读者们展示了中国女排“铁姑娘”们最真实的一面。但是鲁光并没有面面俱到地叙述女排姑娘们的生活，而是截取了最有典型意义的几个片段，将女排姑娘的群像塑造与鲜明的个体形象塑造结合起来，重点突出、详略得当地将女排姑娘们的精神面貌栩栩如生地呈现在读者们面前。

《中国姑娘》全文共分九个章节，每个章节讲述不同的人和事，在时间上先后相承、互相关联，讲述的是相对完整的故事，各自具有相对的独立性，构成大故事套小故事的格局，故事与故事之间又层层递进，不断将叙事推向高潮，具有很强的可读性。《中国姑娘》最后以女排姑娘备战奥运会结束，鲁光以其饱含激情的文字，让国人对女排未来的世界征战之旅充满了希望和期待。对于刚刚走向改革开放、回到奥运体坛，急于在世界上发出自己声音的中国人来说，女排姑娘既是中国三大球类项目在世界体坛上崛起的标志，也是中国在世界上重新崛起的象征。

本文是《中国姑娘》的节选。其中，“挥动黄手绢唱的歌”写的是1977年秋世界杯排球赛发奖环节，中国姑娘失利无缘奖杯，只能挥动黄手绢向对手表示祝贺。这一章着重描写了曹慧英和杨希这两个人物形象，浓墨重彩地叙写了她们的努力和优秀，反衬赛事的失败，为整篇报告文学的展开渲染了一种悲壮的气氛。紧接着是“灵丹妙药”，讲述比赛失利后，女排团队如何通过异常刻苦的训练来提升自身的实力，重点介绍了女排教练袁伟民、邓若曾，生动地描述了“冷酷无情”的教练和队员们之间的“冲突”，详细地讲述了陈招娣、杨希的训练生活，以点带面交代了1978年女排如何面对失败，以及如何找到“灵丹妙药”和最终迎头赶上的艰难历程。“中国的‘铁榔头’”对郎平做了特写，“把掌声分给她一半”则聚焦于孙晋芳的故事。上述所选的几个章节，通过对女排姑娘个体与群像的不同描述，细腻全面地呈现了中国女排姑娘们的意志、毅力和决心，为女排姑娘们在即将到来的国际大赛上冲顶夺冠做了充足的铺垫。最后，“深深的海洋”记叙女排队员们在秦皇岛集训备战奥运会，通过海滨城市，大海扬波，联系到姑娘们心海激荡的波涛，然后点出了女排精神——坚韧不拔。

《中国姑娘》一出版就风靡全国，离不开作者对高超文学技巧的运用。文章每个短篇都只重点挑选一两位人物进行刻画，多角度深入地进行人物形象的塑造，每个点都雕琢出光彩照人的人物形象，再通过“女排精神”这条暗线，使人物形象串联在一起，层层递进，反复强调，由线及面，整体极为细致生动地叙写了女排的成长史和拼搏史。在人物形象的刻画上，作者以个性化的人物语言，只言片语中给人以真实感，抓住细节描写凸现人物性格，全文运用了大量的夸张、比喻等修辞手法，语言朴实生动，富有生活气息。文章以记叙为主，但抒情意味浓烈，既有直接抒情，又有穿插在叙事中的抒情，从而使得记叙文字更为感人，使读者产生强烈共鸣。

作者把体育比喻为民族精神的一个橱窗，把女排当作一个小小的窗口，通过对人物的描写，让我们读出了坚韧不拔、自强不息的民族精神。正是这种精神，让女排从一个胜利走向另一个胜利。“女排精神”备受推崇，最重要的是那种振奋人心的精神力量，远远比“五连冠”本身更加鼓舞中国人。正如文中一位青年教师的来信所言：“国家兴亡，匹夫有责。由于你们的胜利，为国家民族争得了荣誉，唤起了全国人民，特别是青年学生的爱国热情，也唤起了我对国家前途的信心，使我心灵深处的一潭死水重新荡漾起希望之波。我以前看不到出路，只是徘徊。现在我看到了，为了民族，为了中华之觉醒，我们这一代不能徘徊，要奋斗，奋斗！”时至今日，这些话仍然振聋发聩。时不我待，为了中华的崛起，每个人都不能再徘徊，而是应该在自己的岗位上努力地奋斗！

切磋琢磨

1. 在写作的时候，有些作者经常引用成语典故、名言警句等，用来说明自己的见解或表达想要表达的思想。有些引用是为了使所表达的语言更加简洁凝练、生动活泼；有的是为了给自己的观点和看法提供有力的论据，增强说服力；有些引用能加强文章的真实性；有些引用则能使读者产生联想或共鸣，激发阅读的兴趣。

在《伟大的捕风》一文中，周作人引用了法国思想家巴思加尔（Pascal，也译为帕斯卡）的一段话：“人只是一根芦苇，世上最脆弱的东西，但他是一根会思想的芦苇。这不必要世间武装起来，才能毁坏他。只须一阵风，一滴水，便足以弄死他了。但即使宇宙害了他，人总比他的加害者还要高贵，因为他知道他是将要死了，知道宇宙的优胜，宇宙却一点不知道这些。”请结合这一段引用文字，谈谈周作人文章中引用的艺术。

2. 第一次世界大战之后，欧洲许多知识分子很喜欢老庄哲学，希冀以道家文化弥补西方文明之不足。在中国，五四新文化运动期间，现代知识分子们对于老庄哲学多有批判，将老庄文章视为中国走向现代化的障碍。改革开放后，中国探索有自身特色的发展道路，开始重新审视自身的传统文化，老庄哲学是当下“国学热”中最耀眼的存在之一。五四后曾经备受批判的传统思想，现在则重新成了具有正能量的经典。王蒙给自己的书取名为《老子的帮助》，就是认为老子对于世道人心很有帮助。

委内瑞拉民族英雄玻利瓦尔的老师西蒙·罗德里格斯谈到教育时说：“强迫学生死记硬背他们不甚了了的东西，就是在培养鹦鹉。让孩子们成为爱问问题的人吧，这样他们才能养成听从理性的习惯：智力有限的人才会服从权威，愚笨之人才会服从习惯。一无所知的人，任何人都能骗他。一无所有的人，任何人都可以收买他。”在近几年的国学热潮中，许多人又提出让孩子死记硬背国学经典，结合这种教育现象，结合自身的学习实际情况，试着谈谈如何看待老庄文化与中国社会现代化问题的关系。请查找20世纪中国学者对老庄哲学思想肯定和否定的代表性观点，试讨论21世纪的中学生应该如何学习国学，如何继承和发扬中国传统文化。

3. 在中国历史上，曾出现过两次“七君子”事件。明熹宗天启六年(1626)，周起元、高攀龙等七人因反对魏忠贤专权误国而被投入监狱，史称“七君子”。1936年5月，沈钧儒、王造时、李公朴等著名爱国人士在上海发起成立全国各界救国联合会，要求国民党政府停止内战等，结果被国民党政府以危害民国的罪名逮捕，史称“七君子事件”。请同学们搜集有关两次“七君子”事件的材料，结合历史，谈谈自己的君子观。

4. 报告文学《中国姑娘》如实呈现了20世纪女排姑娘为国争光的感人事迹。后来，《中国姑娘》中的“铁榔头”郎平出国做了其他国家的女排教练，有些由她执教的队伍在赛场上打败了中国女排，一时间有许多国人抨击郎平为“汉奸”。后来，郎平回国执教中国女排，顶住压力，带领中国女排在夹缝中再次扬帆起航，在不被看好的形势下一路披荆斩棘，勇夺冠军。2016年郎平带领的中国女排，依稀让我们又看到了《中国姑娘》的身影。

中国梦的实现，中华民族的凝聚力，是靠一代又一代奋勇争先的英雄儿女用鲜血和汗水浇筑起来的。在奥运赛场上，为祖国的荣誉拼搏的英勇的健儿们，人们应该表示敬意；但是，对于走下赛场，甚或退出体坛的运动员，我们也不应该一忘了之。请同学们仔细阅读《中国姑娘》，列出当年中国女排姑娘们的名字，试着通过网络或其他方式查找资料，看看这些当年为国征战的铁姑娘们走下赛场，脱去战袍之后，她们的命运如何，现在何处。找一些志趣相投的同学，在教师的帮助下完成一份调查报告，并试着思考这样一个问题：国家应该如何安排和对待退役的运动员？

知行合一筑新梦

导读

劳动创造人，劳动便是实践，便是行；实践出真知，真知反过来能够更好地指导人去实践。在人类的社会生活中，“知”与“行”犹如一枚硬币的两面，相辅相成，谁也离不了谁；又如鸡和蛋，谁先谁后、孰轻孰重、何难何易，若要辨个清清楚楚、明明白白是件很不容易的事。自古以来，许多优秀的中国人都曾就知行关系表达过自己的见解，只是歧见纷纭，难定一端。其中，在传统中国地位最为显赫崇高的儒家文化，尊崇实践理性，崇知重行，对知与行关系的探究及相关阐述勾勒出了中国传统文化传承衍变的人文地图。

先秦时，知行问题主要围绕学习与知识、道德的关系来讨论。《尚书》有言：“非知之艰，行之惟艰。”这是“知易行难”最早的文字表述。《左传》亦云：“非知之实难，将在行之。”孔子说“生而知之者，上也；学而知之者，次也”，认为世上有不学习就能知的人，对于生而知之者来说，当然就是“知易行难”。孟子主张人性本善，“仁义礼智信”等与生俱来，难的在于付诸实践。荀子认为人性本恶，强调人应“博学而日参省乎己”，认为只有这样才能做到“知明而行无过矣”。与知相比，那时候的古人显然更加重视践行。

两汉时，董仲舒认为“知”不源于“行”，故而应先知后行，王充则坚持“学之乃知，不问不识”。宋朝时，程颢、程颐兄弟倡导“知先行后”，认为行需要知来指导，没有知就没有行，知就像走路时所需要的光，没有光人就无法走路。朱熹提出“知先行后”“行重知轻”，将二者视为人的眼睛和脚，只有眼睛没有脚走不了路，只有脚没有眼睛则看不见东西。明朝时，王阳明主张“知行合一”，不满意于当时的学者们将知与行割裂开来，强调必须先知之，然后再付诸实践，结果深陷于求知而导致终身不能行，主张知就是行，应该知、行并进。清朝时，王夫之认为“行可兼知，而知不可兼行”，主张行优于知、行高于知，“行”是“知”的来源、途径、标准和目的。

到了近代，中国遭逢五千年来未有之变局，知行问题的讨论越显重要，且与革命的历史进程密切相关。孙中山提出“知难行易”，鲁迅说“知难行难”，胡适主张“知难，行亦不易”，毛泽东则说“知高于行”。孙中山、鲁迅和毛泽东从来都不否认知的重要性，同时又都很重视行。他们是20世纪最懂中国也是影响中国最为深远的几个人，他们关注并讨论知行问题，目的是要解决中国的现实问题，且在知与行两个方面均为现代人树立了极难超越的典范。

不知而行与知而不行都不是正确的知行观。朱自清说：“踮着脚，伸着颈，只知道‘等待’的人，他们事事都等待‘明天’去做，‘今天’却专作为等待之用；自然的，到了明天，又须等待明天的明天了。”生活在21世纪的今天，我们要实现“中国梦”和“两个一百年”的目标，就不能仅仅停留在梦想的层面，坐而论道不如起而行之，知行合一才能真正实现我们的梦想。

本单元所选五篇文章，皆与知行主题密切相关。鲁迅的《知难行难》，以胡适和溥仪、蒋介石见面时候的称谓等谈起，说明知难行亦难。毛泽东的《实践论》解决了马克思主义中国化的难题。范金豹的《陶行知先生的多次易名》则以陶行知的多次易名，叙述了个人对于知行关系认知的变化。林语堂的《中庸之道》谈的是中国传统智慧，中庸是传统中国人为人处世的规范。郭沫若的《凤凰涅槃》中的凤凰，知道世界的肮脏与生命的腐朽，于是起而行之，浴火自焚，从灰烬中得到新生。上述各篇皆非纯粹的哲理思辨，而是“文章合为时而著”，皆有其具体的时代指向，故而阅读这些选文时，要理解文章所阐述的知行关系，又要知人论世，能够将其放在具体的社会背景下把握其真正的价值和意义。

作品

知难行难[1]

鲁　迅

中国向来的老例，做皇帝做牢靠和做倒霉的时候，总要和文人学士扳一下子相好。做牢靠的时候是“偃武修文”，粉饰粉饰；做倒霉的时候是又以为他们真有“治国平天下”的大道，再问问看，要说得直白一点，就是见于《红楼梦》上的所谓“病笃乱投医”了。

当“宣统皇帝”逊位逊到坐得无聊的时候，我们的胡适之博士曾经尽过这样的任务。

见过以后，也奇怪，人们不知怎的先问他们怎样的称呼，博士曰：

“他叫我先生，我叫他皇上。”

那时似乎并不谈什么国家大计，因为这“皇上”后来不过做了几首打油白话诗，终于无聊，而且还落得一个赶出金銮殿。现在可要阔了，听说想到东三省再去做皇帝呢。而在上海，又以“蒋召见胡适之丁文江”闻：

---

① 选自《鲁迅全集》（人民文学出版社 2005 年版）。鲁迅（1881—1936），中国文学家、思想家和革命家。原名周树人，字豫才，浙江绍兴人。著有《呐喊》《彷徨》《朝花夕拾》《野草》等。

“南京专电：丁文江，胡适，来京谒蒋，此来系奉蒋召，对大局有所垂询。……”（十月十四日《申报》。）

现在没有人问他怎样的称呼。

为什么呢？因为是知道的，这回是“我称他主席……”！

安徽大学校长刘文典教授，因为不称“主席”而关了好多天，好容易才交保出外，老同乡，旧同事，博士当然是知道的，所以，“我称他主席”！

也没有人问他“垂询”些什么。

为什么呢？因为这也是知道的，是“大局”。而且这“大局”也并无“国民党专政”和“英国式自由”的争论的麻烦，也没有“知难行易”和“知易行难”的争论的麻烦，所以，博士就出来了。

“新月派”的罗隆基博士曰：“根本改组政府，……容纳全国各项人才代表各种政见的政府，……政治的意见，是可以牺牲的，是应该牺牲的。”（《沈阳事件》。）

代表各种政见的人才，组成政府，又牺牲掉政治的意见，这种“政府”实在是神妙极了。但“知难行易”竟“垂询”于“知难，行亦不易”，倒也是一个先兆。

赏读

1931年12月11日，《知难行难》发表于中国左翼作家联盟机关刊物《十字街头》创刊号。《十字街头》是由鲁迅主编，冯雪峰协编的小型文艺刊物，主要刊载短小精悍的杂文、诗歌和政论。该刊物以揭露侵略者，宣传抗日救亡，支持爱国运动，反对妥协投降为主要内容，仅发行三期便为国民党政府所禁。

阅读本篇文章，需要了解鲁迅与“新月派”在20世纪初的论战，这样才能更好地领会鲁迅精简笔墨中的深刻内涵。1928年，鲁迅等左翼知识分子与新月派文人梁实秋就文学的阶级性与人性展开了一场论争。1929年，胡适等人以《新月》杂志为中枢发起了“人权运动”。胡适发表《知难，行亦不易——孙中山先生的“行易知难”说述评》，肯定了孙中山“知难行易”说的积极意义，认为这是“一种很有力的革命哲学”；同时又指出一些革命领袖不是专家，并不懂得一些专门的知识，所以“知难”，为了避免外行领导内行，建议应该实行“专家政治”。“以一班没有现代学术训练的人，统治一个没有现代物质基础的大国家，天下的事有比这个更繁难的吗？要把这件大事办的好，没有别的法子，只有充分请教专家，充分运用科学。”这表现出强烈的参政意识。

1931年9月18日，日军炸毁沈阳柳条湖段路轨，栽赃给中国军队，恣意挑起事端，阴谋侵占我国东北地区，国民党政府实行不抵抗政策，东北三省很快落入日寇之手。“九一八”事变发生后，全国群情激愤，反对当局的不抵抗政策，强烈要求出兵抗日，收复失地。同年10月14日，《申报》刊载《丁文江、胡适来京谒蒋》的新闻。鲁迅原本便对“新月派”自由主义者的“人权运动”持嘲讽与批判态度，不齿于他们言行不一、首鼠两端的做法，于是针对胡适的《知难，行亦不易——孙中山先生的“行易知难”说评述》，结合申报的新闻，创作了杂文《知难行难》，揭示所谓的专家也同样是“知难行难”。

《知难行难》从当时《申报》所载蒋介石召见胡适、丁文江的一条假新闻谈起，集中分析了知识分子与权力者的关系。鲁迅首先从中国传统文化中知识分子与权力者的关系谈起，指出中国向来的老例，在皇帝风光或者倒霉的时候，“总要和文人学士扳一下子相好”，由此谈到胡适被溥仪和蒋介石召见的事。鲁迅紧紧抓住胡适对溥仪和蒋介石两人所使用的称呼，“我叫他皇上”和“我称他主席”，暗示了知识分子与当权者之间的暧昧关系，接着又点出刘文典因不称蒋介石为主席而被关押多日，两相对照，辛辣讽刺了某些知识分子屈服于权力、丧失独立人格的卑下姿态。

鲁迅的杂文，向来是专攻一点不及其余，也如苏格拉底一般擅于揭出对方话语的错谬，不过却只是着眼于揭开盖子，指出弊病，并不负责开药方，或提出改进的办法。鲁迅说自己只是要给那黑暗的社会捣乱，有人却批评鲁迅只会发牢骚而没有建设性意见。胡适提出“知难，行亦不易”，意在为改良社会政治提出自己的建议。鲁迅对此略而不论，只是揪住胡适对溥仪和蒋介石两人所使用的称呼，揭示胡适“知与行”的矛盾。其实，胡适的确称溥仪为皇帝，但胡适称蒋介石为主席却是鲁迅自己根据胡适的“前科”做出的推断，然而鲁迅却以理所当然的口吻道出，并将其与刘文典进行对比，显然是将胡适当作某种类型的知识分子给予了批判。最后，鲁迅指出，中国现代知识分子与当权者讨论的问题，关键并非“国民党专政”与“英国式自由”的矛盾，也不是“知难行易”和“知易行难”的选择，对于主张专家参政的知识分子来说，“政治的意见，是可以牺牲的，是应该牺牲的”。鲁迅由此进一步揭示胡适等人掀起的“人权运动”，不过是想进入政府参与政治的策略罢了。通过知识分子与权力当局之间关系的细腻剖析，鲁迅揭露并批判了知识分子有意无意依附权势、充当帮凶的丑恶行径。知难行亦难，鲁迅用来批判胡适的思想，也正是鲁迅对大染缸式的中国社会的深刻认知。

作品

实 践 论[1]

论认识和实践的关系——知和行的关系

毛泽东

马克思以前的唯物论，离开人的社会性，离开人的历史发展，去观察认识问题，因此不能了解认识对社会实践的依赖关系，即认识对生产和阶级斗争的依赖关系。

首先，马克思主义者认为人类的生产活动是最基本的实践活动，是决定其他一切活动的东西。人的认识，主要地依赖于物质的生产活动，逐渐地了解自然的现象、自然的性质、自然的规律性、人和自然的关系；而且经过生产活动，也在各种不同程度上逐渐地认识了人和人的一定的相互关系。一切这些知识，离开生产活动是不能得到的。在没有阶级的社会中，每个人以社会一员的资格，同其他社会成员协力，结成一定的生产关系，从事生产活动，以解决人类物质生活问题。在各种阶级

① 选自《毛泽东思想基本著作选读》（人民出版社 2001 年版）。毛泽东（1893—1976），中国无产阶级革命家、政治家、军事家，中国共产党、中国人民解放军、中华人民共和国的主要缔造者和领袖，毛泽东思想的主要创立者。字润之，湖南湘潭韶山冲（今属韶山市）人。

的社会中，各阶级的社会成员，则又以各种不同的方式，结成一定的生产关系，从事生产活动，以解决人类物质生活问题。这是人的认识发展的基本来源。

人的社会实践，不限于生产活动一种形式，还有多种其他的形式，阶级斗争，政治生活，科学和艺术的活动，总之社会实际生活的一切领域都是社会的人所参加的。因此，人的认识，在物质生活以外，还从政治生活文化生活中（与物质生活密切联系），在各种不同程度上，知道人和人的各种关系。其中，尤以各种形式的阶级斗争，给予人的认识发展以深刻的影响。在阶级社会中，每一个人都在一定的阶级地位中生活，各种思想无不打上阶级的烙印。

马克思主义者认为人类社会的生产活动，是一步又一步地由低级向高级发展，因此，人们的认识，不论对于自然界方面，对于社会方面，也都是一步又一步地由低级向高级发展，即由浅入深，由片面到更多的方面。在很长的历史时期内，大家对于社会的历史只能限于片面的了解，这一方面是由于剥削阶级的偏见经常歪曲社会的历史，另方面，则由于生产规模的狭小，限制了人们的眼界。人们能够对于社会历史的发展作全面的历史的了解，把对于社会的认识变成了科学，这只是到了伴随巨大生产力——大工业而出现近代无产阶级的时候，这就是马克思主义的科学。

马克思主义者认为，只有人们的社会实践，才是人们对于外界认识的真理性的标准。实际的情形是这样的，只有在社会实践过程中（物质生产过程中，阶级斗争过程中，科学实验过程中），人们达到了思想中所预想的结果时，人们的认识才被证实了。人们要想得到工作的胜利即得到预想的结果，一定要使自己的思想合于客观外界的规律性，如果不合，就会在实践中失败。人们经过失败之后，也就从失败取得教训，改正自己的思想使之适合于外界的规律性，人们就能变失败为胜利，所谓“失败者成功之母”，“吃一堑长一智”，就是这个道理。辩证唯物论的认识论把实践提到第一的地位，认为人的认识一点也不能离开实践，排斥一切否认实践重要性、使认识离开实践的错误理论。列宁这样说过：“实践高于（理论的）认识，因为它不但有普遍性的品格，而且还有直接现实性的品格。”马克思主义的哲学辩证唯物论有两个最显著的特点：一个是它的阶级性，公然申明辩证唯物论是为无产阶级服务的；再一个是它的实践性，强调理论对于实践的依赖关系，理论的基础是实践，又转过来为实践服务。判定认识或理论之是否真理，不是依主观上觉得如何而定，而是依客观上社会实践的结果如何而定。真理的标准只能是社会的实践。实践的观点是辩证唯物论的认识论之第一的和基本的观点。

然而人的认识究竟怎样从实践发生，而又服务于实践呢？这只要看一看认识的发展过程就会明了的。

原来人在实践过程中，开始只是看到过程中各个事物的现象方面，看到各个事物的片面，看到各个事物之间的外部联系。例如有些外面的人们到延安来考察，头一二天，他们看到了延安的地形、街道、屋宇，接触了许多的人，参加了宴会、晚会和群众大会，听到了各种说话，看到了各种文件，这些就是事物的现象，事物的各个片面以及这些事物的外部联系。这叫做认识的感性阶段，就是感觉和印象的阶段。也就是延安这些各别的事物作用于考察团先生们的感官，引起了他们的感觉，在他们的脑子中生起了许多的印象，以及这些印象间的大概的外部的联系，这是认识的第一个阶段。在这个阶段中，人们还不能造成深刻的概念，作出合乎论理（即合乎逻辑）的结论。

社会实践的继续，使人们在实践中引起感觉和印象的东西反复了多次，于是在人们的脑子里生起了一个认识过程中的突变（即飞跃），产生了概念。概念这种东西已经不是事物的现象，不是事物的各个片面，不是它们的外部联系，而是抓着了事物的本质，事物的全体，事物的内部联系了。概念同感觉，不但是数量上的差别，而且有了性质上的差别。循此继进，使用判断和推理的方法，就可产生出合乎论理的结论来。《三国演义》上所谓“眉头一皱计上心来”，我们普通说话所谓“让我想一想”，就是人在脑子中运用概念以作判断和推理的工夫。这是认识的第二个阶段。外来的考察团先生们在他们集合了各种材料，加上他们“想了一想”之后，他们就能够作出“共产党的抗日民族统一战线的政策是彻底的、诚恳的和真实的”这样一个判断了。在他们作出这个判断之后，如果他们对于团结救国也是真实的话，那末他们就能够进一步作出这样的结论：“抗日民族统一战线是能够成功的。”这个概念、判断和推理的阶段，在人们对于一个事物的整个认识过程中是更重要的阶段，也就是理性认识的阶段。认识的真正任务在于经过感觉而到达于思维，到达于逐步了解客观事物的内部矛盾，了解它的规律性，了解这一过程和那一过程间的内部联系，即到达于论理的认识。重复地说，论理的认识所以和感性的认识不同，是因为感性的认识是属于事物之片面的、现象的、外部联系的东西，论理的认识则推进了一大步，到达了事物的全体的、本质的、内部联系的东西，到达了暴露周围世界的内在的矛盾，因而能在周围世界的总体上，在周围世界一切方面的内部联系上去把握周围世界的发展。

这种基于实践的由浅入深的辩证唯物论的关于认识发展过程的理论，在马克思主义以前，是没有一个人这样解决过的。马克思主义的唯物论，第一次正确地解决了这个问题，唯物地而且辩证地指出了认识的深化的运动，指出了社会的人在他们的生产和阶级斗争的复杂的、经常反复的实践中，由感性认识到论理认识的推移的运动。列宁说过："物质的抽象，自然规律的抽象，价值的抽象以及其他等等，一句话，一切科学的（正确的、郑重的、非瞎说的）抽象，都更深刻、更正确、更完全地反映着自然。"马克思列宁主义认为：认识过程中两个阶段的特性，在低级阶段，认识表现为感性的，在高级阶段，认识表现为论理的，但任何阶段，都是统一的认识过程中的阶段。感性和理性二者的性质不同，但又不是互相分离的，它们在实践的基础上统一起来了。我们的实践证明：感觉到了的东西，我们不能立刻理解它，只有理解了的东西才更深刻地感觉它。感觉只解决现象问题，理论才解决本质问题。这些问题的解决，一点也不能离开实践。无论何人要认识什么事物，除了同那个事物接触，即生活于（实践于）那个事物的环境中，是没有法子解决的。不能在封建社会就预先认识资本主义社会的规律，因为资本主义还未出现，还无这种实践。马克思主义只能是资本主义社会的产物。马克思不能在自由资本主义时代就预先具体地认识帝国主义时代的某些特异的规律，因为帝国主义这个资本主义最后阶段还未到来，还无这种实践，只有列宁和斯大林才能担当此项任务。马克思、恩格斯、列宁、斯大林之所以能够作出他们的理论，除了他们的天才条件之外，主要地是他们亲自参加了当时的阶级斗争和科学实验的实践，没有这后一个条件，任何天才也是不能成功的。"秀才不出门，全知天下事"，在技术不发达的古代只是一句空话，在技术发达的现代虽然可以实现这句话，然而真正亲知的是天下实践着的人，那些人在他们的实践中间取得了"知"，经过文字和技术的传达而到达于"秀才"之手，秀才乃能间接地"知天下事"。如果要直接地认识某种或某些事物，便只有亲身参加于变革现实、变革某种或某些事物的实践的斗争中，才能触到那种或那些事物的现象，也只有在亲身参加变革现实的实践的斗争中，才能暴露那种或那些事物的本质而理解它们。这是任何人实际上走着的认识路程，不过有些人故意歪曲地说些反对的话罢了。世上最可笑的是那些“知识里手”，有了道听途说的一知半解，便自封为“天下第一”，适足见其不自量而已。知识的问题是一个科学问题，来不得半点的虚伪和骄傲，决定地需要的倒是其反面——诚实和谦逊的态度。你要有知识，你就得参加变革现实的实践。你要知道梨子的滋味，你就得变革梨子，亲口吃一吃。你要知道原子的组织同性质，你就得实行物理学和化学的实验，变革原子的情况。你要知道革命的理论和方法，你就得参加革命。一切真知都是从直接经验发源的。但人不能事事直接经验，事实上多数的知识都是间接经验的东西，这就是一切古代的和外域的知识。这些知识在古人在外人是直接经验的东西，如果在古人外人直接经验时是符合于列宁所说的条件“科学的抽象”，是科学地反映了客观的事物，那末这些知识是可靠的，否则就是不可靠的。所以，一个人的知识，不外直接经验的和间接经验的两部分。而且在我为间接经验者，在人则仍为直接经验。因此，就知识的总体说来，无论何种知识都是不能离开直接经验的。任何知识的来源，在于人的肉体感官对客观外界的感觉，否认了这个感觉，否认了直接经验，否认亲自参加变革现实的实践，他就不是唯物论者。“知识里手”之所以可笑，原因就是在这个地方。中国人有一句老话：“不入虎穴，焉得虎子。”这句话对于人们的实践是真理，对于认识论也是真理。离开实践的认识是不可能的。

为了明了基于变革现实的实践而产生的辩证唯物论的认识运动——认识的逐渐深化的运动，下面再举出几个具体的例子。

无产阶级对于资本主义社会的认识，在其实践的初期——破坏机器和自发斗争时期，他们还只在感性认识的阶段，只认识资本主义各个现象的片面及其外部的联系。这时，他们还是一个所谓“自在的阶级”。但是到了他们实践的第二个时期——有意识有组织的经济斗争和政治斗争的时期，由于实践，由于长期斗争的经验，经过马克思、恩格斯用科学的方法把这种种经验总结起来，产生了马克思主义的理论，用以教育无产阶级，这样就使无产阶级理解了资本主义社会的本质，理解了社会阶级的剥削关系，理解了无产阶级的历史任务，这时他们就变成了一个“自为的阶级”。

中国人民对于帝国主义的认识也是这样。第一阶段是表面的感性的认识阶段，表现在太平天国运动和义和团运动等笼统的排外主义的斗争上。第二阶段才进到理性的认识阶段，看出了帝国主义内部和外部的各种矛盾，并看出了帝国主义联合中国买办阶级和封建阶级以压榨中国人民大众的实质，这种认识是从一九一九年五四运动前后才开始的。

我们再来看战争。战争的领导者，如果他们是一些没有战争经验的人，对于一个具体的战争（例如我们过去十年的土地革命战争）的深刻的指导规律，在开始阶段是不了解的。他们在开始阶段只是身历了许多作战的经验，而且败仗是打得很多的。然而由于这些经验（胜仗，特别是败仗的经验），使他们能够理解贯串整个战争的内部的东西，即那个具体战争的规律性，懂得了战略和战术，因而能够有把握地去指导战争。此时，如果改换一个无经验的人去指导，又会要在吃了一些败仗之后（有了经验之后）才能理会战争的正确的规律。

常常听到一些同志在不能勇敢接受工作任务时说出来的一句话：没有把握。为什么没有把握呢？因为他对于这项工作的内容和环境没有规律性的了解，或者他从来就没有接触过这类工作，或者接触得不多，因而无从谈到这类工作的规律性。及至把工作的情况和环境给以详细分析之后，他就觉得比较地有了把握，愿意去做这项工作。如果这个人在这项工作中经过了一个时期，他有了这项工作的经验了，而他又是一个肯虚心体察情况的人，不是一个主观地、片面地、表面地看问题的人，他就能够自己做出应该怎样进行工作的结论，他的工作勇气也就可以大大地提高了。只有那些主观地、片面地和表面地看问题的人，跑到一个地方，不问环境的情况，不看事情的全体（事情的历史和全部现状），也不触到事情的本质（事情的性质及此一事情和其他事情的内部联系），就自以为是地发号施令起来，这样的人是没有不跌交子的。

由此看来，认识的过程，第一步，是开始接触外界事情，属于感觉的阶段。第二步，是综合感觉的材料加以整理和改造，属于概念、判断和推理的阶段。只有感觉的材料十分丰富（不是零碎不全）和合于实际（不是错觉），才能根据这样的材料造出正确的概念和论理来。

这里有两个要点必须着重指明。第一个，在前面已经说过的，这里再重复说一说，就是理性认识依赖于感性认识的问题。如果以为理性认识可以不从感性认识得来，他就是一个唯心论者。哲学史上有所谓“唯理论”一派，就是只承认理性的实在性，不承认经验的实在性，以为只有理性靠得住，而感觉的经验是靠不住的，这一派的错误在于颠倒了事实。理性的东西所以靠得住，正是由于它来源于感性，否则理性的东西就成了无源之水，无本之木，而只是主观自生的靠不住的东西了。从认识过程的秩序说来，感觉经验是第一的东西，我们强调社会实践在认识过程中的意义，就在于只有社会实践才能使人的认识开始发生，开始从客观外界得到感觉经验。一个闭目塞听、同客观外界根本绝缘的人，是无所谓认识的。认识开始于经验——这就是认识论的唯物论。

第二是认识有待于深化，认识的感性阶段有待于发展到理性阶段——这就是认识论的辩证法。如果以为认识可以停顿在低级的感性阶段，以为只有感性认识可靠，而理性认识是靠不住的，这便是重复了历史上的“经验论”的错误。这种理论的错误，在于不知道感觉材料固然是客观外界某些真实性的反映（我这里不来说经验只是所谓内省体验的那种唯心的经验论），但它们仅是片面的和表面的东西，这种反映是不完全的，是没有反映事物本质的。要完全地反映整个的事物，反映事物的本质，反映事物的内部规律性，就必须经过思考作用，将丰富的感觉材料加以去粗取精、去伪存真、由此及彼、由表及里的改造制作工夫，造成概念和理论的系统，就必须从感性认识跃进到理性认识。这种改造过的认识，不是更空虚了更不可靠了的认识，相反，只要是在认识过程中根据于实践基础而科学地改造过的东西，正如列宁所说乃是更深刻、更正确、更完全地反映客观事物的东西。庸俗的事务主义家不是这样，他们尊重经验而看轻理论，因而不能通观客观过程的全体，缺乏明确的方针，没有远大的前途，沾沾自喜于一得之功和一孔之见。这种人如果指导革命，就会引导革命走上碰壁的地步。

理性认识依赖于感性认识，感性认识有待于发展到理性认识，这就是辩证唯物论的认识论。哲学上的“唯理论”和“经验论”都不懂得认识的历史性或辩证性，虽然各有片面的真理（对于唯物的唯理论和经验论而言，非指唯心的唯理论和经验论），但在认识论的全体上则都是错误的。由感性到理性之辩证唯物论的认识运动，对于一个小的认识过程（例如对于一个事物或一件工作的认识）是如此，对于一个大的认识过程（例如对于一个社会或一个革命的认识）也是如此。

然而认识运动至此还没有完结。辩证唯物论的认识运动，如果只到理性认识为止，那末还只说到问题的一半。而且对于马克思主义的哲学说来，还只说到非十分重要的那一半。马克思主义的哲学认为十分重要的问题，不在于懂得了客观世界的规律性，因而能够解释世界，而在于拿了这种对于客观规律性的认识去能动地改造世界。在马克思主义看来，理论是重要的，它的重要性充分地表现在列宁说过的一句话："没有革命的理论，就不会有革命的运动。"然而马克思主义看重理论，正是，也仅仅是，因为它能够指导行动。如果有了正确的理论，只是把它空谈一阵，束之高阁，并不实行，那末，这种理论再好也是没有意义的。认识从实践始，经过实践得到了理论的认识，还须再回到实践去。认识的能动作用，不但表现于从感性的认识到理性的认识之能动的飞跃，更重要的还须表现于从理性的认识到革命的实践这一个飞跃。抓着了世界的规律性的认识，必须把它再回到改造世界的实践中去，再用到生产的实践、革命的阶级斗争和民族斗争的实践以及科学实验的实践中去。这就是检验理论和发展理论的过程，是整个认识过程的继续。理论的东西之是否符合于客观真理性这个问题，在前面说的由感性到理性之认识运动中是没有完全解决的，也不能完全解决的。要完全地解决这个问题，只有把理性的认识再回到社会实践中去，应用理论于实践，看它是否能够达到预想的目的。许多自然科学理论之所以被称为真理，不但在于自然科学家们创立这些学说的时候，而且在于为尔后的科学实践所证实的时候。马克思列宁主义之所以被称为真理，也不但在于马克思、恩格斯、列宁、斯大林等人科学地构成这些学说的时候，而且在于为尔后革命的阶级斗争和民族斗争的实践所证实的时候。辩证唯物论之所以为普遍真理，在于经过无论什么人的实践都不能逃出它的范围。人类认识的历史告诉我们，许多理论的真理性是不完全的，经过实践的检验而纠正了它们的不完全性。许多理论是错误的，经过实践的检验而纠正其错误。所谓实践是真理的标准，所谓"生活、实践底观点，应该是认识论底首先的和基本的观点"，理由就在这个地方。斯大林说得好："理论若不和革命实践联系起来，就会变成无对象的理论，同样，实践若不以革命理论为指南，就会变成盲目的实践。"

说到这里，认识运动就算完成了吗？我们的答复是完成了，又没有完成。社会的人们投身于变革在某一发展阶段内的某一客观过程的实践中（不论是关于变革某一自然过程的实践，或变革某一社会过程的实践），由于客观过程的反映和主观能动性的作用，使得人们的认识由感性的推移到了理性的，造成了大体上相应于该客观过程的法则性的思想、理论、计划或方案，然后再应用这种思想、理论、计划或方案于该同一客观过程的实践，如果能够实现预想的目的，即将预定的思想、理论、计划、方案在该同一过程的实践中变为事实，或者大体上变为事实，那末，对于这一具体过程的认识运动算是完成了。例如，在变革自然的过程中，某一工程计划的实现，某一科学假想的证实，某一器物的制成，某一农产的收获，在变革社会过程中某一罢工的胜利，某一战争的胜利，某一教育计划的实现，都算实现了预想的目的。然而一般地说来，不论在变革自然或变革社会的实践中，人们原定的思想、理论、计划、方案，毫无改变地实现出来的事，是很少的。这是因为从事变革现实的人们，常常受着许多的限制，不但常常受着科学条件和技术条件的限制，而且也受着客观过程的发展及其表现程度的限制（客观过程的方面及本质尚未充分暴露）。在这种情形之下，由于实践中发现前所未料的情况，因而部分地改变思想、理论、计划、方案的事是常有的，全部地改变的事也是有的。即是说，原定的思想、理论、计划、方案，部分地或全部地不合于实际，部分错了或全部错了的事，都是有的。许多时候须反复失败过多次，才能纠正错误的认识，才能到达于和客观过程的规律性相符合，因而才能够变主观的东西为客观的东西，即在实践中得到预想的结果。但是不管怎样，到了这种时候，人们对于在某一发展阶段内的某一客观过程的认识运动，算是完成了。

然而对于过程的推移而言，人们的认识运动是没有完成的。任何过程，不论是属于自然界的和属于社会的，由于内部的矛盾和斗争，都是向前推移向前发展的，人们的认识运动也应跟着推移和发展。依社会运动来说，真正的革命的指导者，不但在于当自己的思想、理论、计划、方案有错误时须得善于改正，如同上面已经说到的，而且在于当某一客观过程已经从某一发展阶段向另一发展阶段推移转变的时候，须得善于使自己和参加革命的一切人员在主观认识上也跟着推移转变，即是要使新的革命任务和新的工作方案的提出，适合于新的情况的变化。革命时期情况的变化是很急速的，如果革命党人的认识不能随之而急速变化，就不能引导革命走向胜利。

然而思想落后于实际的事是常有的，这是因为人的认识受了许多社会条件的限制的缘故。我们反对革命队伍中的顽固派，他们的思想不能随变化了的客观情况而前进，在历史上表现为右倾机会主义。这些人看不出矛盾的斗争已将客观过程推向前进了，而他们的认识仍然停止在旧阶段。一切顽固党的思想都有这样的特征。他们的思想离开了社会的实践，他们不能站在社会车轮的前头充任向导的工作，他们只知跟在车子后面怨恨车子走得太快了，企图把它向后拉，开倒车。

我们也反对“左”翼空谈主义。他们的思想超过客观过程的一定发展阶段，有些把幻想看作真理，有些则把仅在将来有现实可能性的理想，勉强地放在现时来做，离开了当前大多数人的实践，离开了当前的现实性，在行动上表现为冒险主义。

唯心论和机械唯物论，机会主义和冒险主义，都是以主观和客观相分裂，以认识和实践相脱离为特征的。以科学的社会实践为特征的马克思列宁主义的认识论，不能不坚决反对这些错误思想。马克思主义者承认，在绝对的总的宇宙发展过程中，各个具体过程的发展都是相对的，因而在绝对真理的长河中，人们对于在各个一定发展阶段上的具体过程的认识只具有相对的真理性。无数相对的真理之总和，就是绝对的真理。客观过程的发展是充满着矛盾和斗争的发展，人的认识运动的发展也是充满着矛盾和斗争的发展。一切客观世界的辩证法的运动，都或先或后地能够反映到人的认识中来。社会实践中的发生、发展和消灭的过程是无穷的，人的认识的发生、发展和消灭的过程也是无穷的。根据于一定的思想、理论、计划、方案以从事于变革客观现实的实践，一次又一次地向前，人们对于客观现实的认识也就一次又一次地深化。客观现实世界的变化运动永远没有完结，人们在实践中对于真理的认识也就永远没有完结。马克思列宁主义并没有结束真理，而是在实践中不断地开辟认识真理的道路。我们的结论是主观和客观、理论和实践、知和行的具体的历史的统一，反对一切离开具体历史的“左”的或右的错误思想。

社会的发展到了今天的时代，正确地认识世界和改造世界的责任，已经历史地落在无产阶级及其政党的肩上。这种根据科学认识而定下来的改造世界的实践过程，在世界、在中国均已到达了一个历史的时节——自有历史以来未曾有过的重大时节，这就是整个儿地推翻世界和中国的黑暗面，把它们转变过来成为前所未有的光明世界。无产阶级和革命人民改造世界的斗争，包括实现下述的任务：改造客观世界，也改造自己的主观世界——改造自己的认识能力，改造主观世界同客观世界的关系。地球上已经有一部分实行了这种改造，这就是苏联。他们还正在促进这种改造过程。中国人民和世界人民也都正在或将要通过这样的改造过程。所谓被改造的客观世界，其中包括了一切反对改造的人们，他们的被改造，须要通过强迫的阶段，然后才能进入自觉的阶段。世界到了全人类都自觉地改造自己和改造世界的时候，那就是世界的共产主义时代。

通过实践而发现真理，又通过实践而证实真理和发展真理。从感性认识而能动地发展到理性认识，又从理性认识而能动地指导革命实践，改造主观世界和客观世界。实践、认识、再实践、再认识，这种形式，循环往复以至无穷，而实践和认识之每一循环的内容，都比较地进到了高一级的程度。这就是辩证唯物论的全部认识论，这就是辩证唯物论的知行统一观。

赏读

“十月革命一声炮响，给中国送来了马克思主义。”对于中国人来说，这是一句耳熟能详的话。马克思主义剖析的主要是西方资本主义社会，对于当时半殖民地半封建社会的中国来说，需要一个逐渐被接受和消化的过程。最初，王明等人号称是纯粹的布尔什维克，时时紧跟苏联步伐，事事听从共产国际的指示，对马克思主义的理解和运用带有浓厚的教条主义色彩。与教条主义相对的，是经验主义。这两种思想倾向，都曾给中国的革命和建设事业带来巨大的危害。起初，马克思主义在中国只是停留在理论宣传的层面，教条主义和经验主义的危害还不是很明显。南昌起义后，中国共产党拥有了自己的军队，在不断开辟和扩大革命根据地的过程中，教条主义和经验主义使中国的革命事业遭受了极大的损失。为了纠正党内错误的思想认识，正确地认识和运用马列主义思想，毛泽东阅读了大量的马列哲学著作，写出了深刻影响中国革命的哲学名篇《实践论》及其姊妹篇《矛盾论》。

《实践论》写成于1937年7月，是毛泽东在延安抗日军事政治大学讲授哲学时的讲义中的一部分，是毛泽东关于马克思主义认识论的代表著作。《实践论》结合当时中国革命的形势，对马克思主义认识论的基本原理做了系统阐述，深刻地剖析了认识和实践，即“知”与“行”的辩证关系，对当时党内革命道路的选择有重要的指导意义。

首先，文章阐明了社会实践活动有多种形式，如生产活动、政治生活、科学和艺术活动等，这些实践活动是人们对外界认识的真理性标准。

其次，文章阐述了认识的发展过程，即两次飞跃和无限发展的过程。人们在实践的过程中产生了感性认识，感性认识经过多次反复，才会飞跃产生概念。概念形成之后，认识还需要再回到实践中指导实践，并在实践中不断完善自身，这就是认识过程的第二次飞跃。实现了认识的两次飞跃之后，认识运动“既完成了，又没有完成”，因为认识的发展过程是无限的，是阶段性和无限性的统一。根据认识自身的发展规律，详细地指出了右倾机会主义和左倾冒险主义所犯的错误，前者是思想落后于实践，后者的错误在于思想超过了客观实践的具体发展阶段，离开了当前的现实性。

再次，文章阐述了真理的相对性与绝对性问题，指出人们在各个发展阶段的认识只具有相对的真理性。无数相对真理的总和，才是绝对的真理，不存在离开相对真理的绝对真理。

此外，文章还对辩证唯物主义认识论的主要内容做了高度概括，指出通过实践来发现真理，又通过实践而证实和发展真理。实践，认识，再实践，再认识，这种形式循环往复以至无穷。

作为一篇优秀的哲学篇章，《实践论》科学地解决了几千年来中国哲学史上争论不休的行、知问题。它用实践的观点，统一了知与行，强调要特别注意克服知与行相割裂的观点，没有先于经验的绝对真理，实践才是付之行动的“真知”，“知是行之始，行是知之成”，知之真切笃实处便是行，行之明觉精察处便是知，实践的过程也就是认识的过程，认识的过程也就是实践的过程，认识和实践本来就是一件事。不能导致行动的认知，离开实践谈理论，既没有必要，也没有意义。正如毛泽东指出的“哲学家们只是用不同的方式解释世界，而问题在于改变世界”。当然，实践不是单纯经验性的机械动作，而是一定理论指引下的创造性行为。蜜蜂建造自己的房子很有经验，也很有成效，但永远不是实践。

以《实践论》《矛盾论》为代表的科学认识论和方法论武装了中国共产党，为中国共产党实事求是的思想路线奠定了哲学基础。它就像是中国共产党的思想基因密码，是中国共产党在革命和建设中取得成功的奥秘所在。

作品

陶行知先生的多次易名①

范金豹

陶行知先生原名陶文浚。1912 年，他另取“陶知行”为名，次年将之用作笔名。1917 年留美归国后，他正式改名为“知行”。1927 年，他又想改名为“行知”。1934 年 7 月 16 日，他发表《行知行》，终于公开宣布将名字由“知行”改为“行知”。陶行知改名是经过深思熟虑的。那么，陶行知先生为什么一改再改自己的名字呢？

陶行知先生出生在皖南歙县，这里古代隶属徽州，而徽州也是王阳明的故乡。1910 年他就读金陵大学时，开始研究并信奉王阳明的心学理论。王阳明反对朱熹的“先知后行”的观点，认为“知行合一”。王阳明说：“知之真切笃实处便是行，行之明觉精察处便是知。”“知是行的主意，行是知的功夫。知是行之始，行是知之成。”王阳明还主张“知轻行重”，认为：“真知即所以为行，不行不谓真知。”当时的陶行知，正是求知欲特别旺盛的青年。他发愤求知，目的就是为了日后去笃行，

---

① 选自《中国教育报》2004 年 10 月 14 日第 8 版，有改动。范金豹，安徽芜湖人，1966 年生，中学教师。著有《我与新课程语文》等。

去实现他的人生抱负：救国救民。当时的陶行知接受了“知行合一”说，特别是“知轻行重”的思想，并奉为圭臬。正因为如此，1912 年陶行知先生又取名“陶知行”。

陶行知 1914 年秋赴美留学。留学期间，他确定了教育救国的崇高理想。他师从约翰·杜威——美国伟大的哲学家、心理学家和教育家。杜威教育思想的基础是实用主义哲学。实用主义本质上属于主观唯心主义，但含有辩证唯物主义成分。实用主义哲学又属于“行动的哲学”，重视“行”。王阳明的哲学与杜威的实用主义哲学同中有异。杜威论述了知与行的关系，提出了“从做中学”的观点。这一观点表明“做学合一”，也即“知行合一”；但“从做中学”强调“做”是“学”的起点，即先“行”后“知”，与王阳明的“知是行之始，行是知之成”不同。1917 年陶行知回国之后，正式改名为“陶知行”。

陶行知回国后，写了不少文章宣传杜威的教育理论，提倡试验主义。但是真正实行起来，却千难万难。将“教授”改为“教学”，改一个字都很困难。此后，在平民教育运动、晓庄试验师范学校教育实践中，陶行知深刻地认识到：“自从亲自到民间打了几个滚后，才觉得我们有好多主观的意见都是错的，没有效验的。”中国的传统教育“老八股”固然要改革，可是怎么改？用杜威的洋教育理论来改造，却到处碰壁。于是他一面批判中国的传统教育，一面批判外国的“洋教育”，反省自己的教育实践，学习新的哲学思想，探求适合中国国情的教育理论。

1928 年 1 月在《行是知之始》一文中，陶行知仍然赞成王阳明的“知行合一”说，但是又指出王阳明“知是行之始，行是知之成”露出了错误的尾巴。与此针锋相对，他提出了“行是知之始，知是行之成”的主张。当时，已经有人称他“行知先生”，他又萌生了改名的念头。

陶行知把杜威的教育思想称为改良主义教育。改良主义教育主张“学校即社会”“教育即生活”和“做学合一”。陶行知根据中国是穷国、学校里的东西太少的现实，创立了“生活教育”理论，主张“社会即学校”“生活即教育”和“教学做合一”。这样，“教育的材料，教育的方法，教育的工具，教育的环境，都可以大大的增加。学生、先生也可以多起来，因为在这样办法下，不论校内校外，都可以做师生的。”

陶行知从墨子重感性经验的认识观中得到启发。墨子根据认识的来源把知识分为“亲知”“闻知”和“说知”三种。墨子特别重视“亲知”，认为直接经验比间接经验更重要、更可靠。陶行知批评中国传统教育把“闻知”当作唯一的知识，忽略了“亲知”，也忽略了“说知”。他认为：“我们拿‘行是知之始’来说明知识之来源，并不是否认‘闻知’和‘说知’，乃是承认‘亲知’为一切知识之根本。‘闻知’与‘说知’必须安根于‘亲知’里才能发生效力。”

更为重要的是，陶行知接受了马克思主义。1931 年 11 月陶行知先生在《思想的母亲》中写道：“我拿杜威先生的道理体验了十几年，觉得他所叙述的过程好比是一个单极的电路，通不出电流。他没有提及那思想的母亲。这位母亲便是行动。……所以我要提出的修正是在困难之前加一行动之步骤，于是整个科学的生活之过程便成了：行动生困难，困难生疑问，疑问生假设，假设生试验，试验生断语，断语又生了行动，如此演进于无穷。”陶行知的“行动—知识—再行动”这一教育思想与马克思主义的“实践—理论—再实践”实践观是完全一致的。1934 年 7 月 16 日，陶行知先生发表《行知行》一文，继否定“知行”观之后，又否定“知行知”观；将“行知”观发展为“行知行”观。他正式宣布将自己的名字由“知行”改为“行知”，还创造了以“行知”二字合写的一个字，作为自己的名字。至此，他真正做到了“名”副其“实”。

从“知行”到“行知”再到“行知行”，他的名字的每一次变化，实质上是他教育哲学思想一次又一次发生质的飞跃的表现：从王阳明的主观唯心主义发展到杜威的实用主义哲学，从杜威的实用主义哲学发展到马克思的辩证唯物主义。他易名的过程，实际上是他不断追求真理、实践真理的过程。他信奉的哲学思想在不断变化，他的名字如影随形，但是永不变更的一点，就是他的“真人”品格。不论先生取名“知行”，是“行知”，还是“行知行”，他的名字都是他那一段时期所信奉的哲学思想的标志，是他追求表里一致、言行一致、名副其实的“真人”品格的体现。他有句名言：“千教万教教人求真，千学万学学做真人。”这是他伟大人格的真实写照。如果用一个字来概括陶行知先生，那就是一个充塞天地的“真”——有真爱、做真人、求真理、去真行。

赏读

中国人历来很重视名。孔子说："名不正则言不顺。"又说，"君子疾没世而名不称焉。"老子曰："名可名，非常名。"名，在中国传统文化中有着非常重要的地位和作用。就人名而言，有乳名、本名、学名、曾用名、笔名、艺名等。人之诸名，最重本名。若就社会影响而言，许多艺术家的笔名或艺名要比本名（原名）流传更为广泛，更为大众所熟知。

中国古代文人大多都有名有字有号，名、字、号各有用途，不可乱用。一个人的本名，大多由父母或师长所起，多带有祝福或吉祥的寓意。一旦起了名，轻易不会变动，所以有"行不更名、坐不改姓"这样的说法。但是号却不同，可以有很多；盖一座亭台，买一件器物，诸如此类，一旦有意，便可以给自己起个新的号。现代作家很多也是有名有字有号，如周作人号知堂，郭沫若字鼎堂等。与古人相比，现代作家最特别的地方在于笔名的使用。现代作家的笔名，如同古代文人所使用的号，虽不至于写篇文章就用个新的笔名，但笔名使用之繁多，在中国历史上恐怕很少有能与20世纪现代作家们相比肩的，鲁迅和郭沫若等都使用过一百多个笔名。古代文人用号，意在追求风雅；现代作家用笔名，大多是为了躲避政治压迫，或是别有用意。如鲁迅小说《铸剑》中黑色人的名字叫宴之敖者，而鲁迅自己也曾用过一个笔名为宴之敖，鲁迅自己解释说：宴，意思就是家中有个日本女人，笔名之意就是自己是被家中的那个日本女人赶出来了。

陶行知几次易名，更改的都不是笔名或号，而是自己的本名。陶行知对于自己本名的每一次更改，都非常用心，几次改名正体现了他"知行"观的变化，表现的是他对于自己有了新的认知和新的期许。本名不可轻易改动，却并非不可改。对于志士仁人来说，他们在意的不是名字是否起得漂亮，叫得好听，而是名实能否相符。廖仲恺在《对黄埔军校第三期入伍生训话》中说："所谓盛名难副，名不副实，反为见笑。"起一个高大上的名字很容易，但是要真正地做到名实相副却并不是一件容易的事儿。陶行知的更名意在"知行"合一，观其一生，也的确"名"副其实，做到了"知行合一"。

陶行知读大学时开始研究并接受王阳明的心学，认同他"知行合一"的观点。王阳明提出："知轻行重"、"知是行之始，行是知之成。"这些思想被陶行知奉为圭臬，于是改名为"陶知行"。后来，陶行知到美国留学，师从实用主义大师约翰·杜威。杜威倡导“从做中学”，强调先“行”后“知”，“做”是“学”的起点。风华正茂的陶行知发奋求知，确定了教育救国的崇高理想，回国后一面批判中国传统教育，一面批判外国的教育，不断反省自己的教育实践，虽然四处碰壁，却从没停止过探求具有中国特色、符合中国国情的教育理论，最终创立了“生活教育”理论，主张“社会即学校”“生活即教育”和“教做学合一”等。后来，陶行知又接受了马克思主义，正式宣布改名为“行知”，还创造了以“行知”二字合写成一个字作为自己的名字，自此才结束了改名之旅。

陶行知强调教育首要的问题在于求真。教书育人，首先要让学生学会做人，这是教育目的所要求的真；传授知识，必须有所实践，这是掌握知识的真；学习知识，绝不能只局限于课本与校园，这是要求全面学习的真……从求真的角度来说，陶行知的教育理论适用于任何时代，也适用于任何领域。

范金豹的这篇文章详细叙述了陶行知先生多次易名的来龙去脉，并简明扼要地介绍了陶行知的教育理论及其为人处世之道，深入挖掘了陶行知教育理论的普适性意义。从“知行”到“行知”，再到“行知行”，陶行知的几次改名呈现出来的正是他不断地扬弃自我、追求真知的过程，是他教育哲学思想不断改良发展直至完善的真实写照。回顾陶行知的一生，会惊奇地发现他每一次理论的进步都符合当时社会的实际需要，都与中国的命运紧密联系在一起。这也从一个方面证明陶行知的“知”不是向壁虚构，乃是源于社会实践的真知。至于陶行知的教育实践，切实而有效，堪为师范，时至今日仍然是广大教师们学习的榜样。

作品

中庸之道[①]

林语堂

普通感性之宗教或信仰，或情理的精神，是孔教人文主义之一部分或一分段。就是这种情理精神产生了中庸之道，它是孔子学说的中心思想。关于情理精神前面曾经论及，它是与逻辑或论理相对立的。情理精神既大部分为直觉的，故实际上等于英文中的“常识”，从这种精神的显示，即任何信条，凡欲提供于中国人的面前，倘只在逻辑上合格，还是不够的，它必须“符合于人类的天性”，这是极为重要的概念。

中国经典学派的目的，在培育讲情理的人，这是教育的范型。一个读书人，旁的可以不管，第一先要成为讲情理的人，他的特征常为他的常识之丰富，他的爱好谦逊与节约，并厌恶抽象学理与极端逻辑的理论。常识为普通人民人人所有的，而哲学家反有丧失此等常识的危险，因而易致沉溺于过度学理之患。一个讲情理的人或读书人要避免一切过度的学理与行为，举一个例子：历史家福劳第（Froude）说：“亨利八世之与加

① 选自《吾国与吾民》（江苏人民出版社 2014 年版），有改动。林语堂（1895—1976），中国作家。原名和乐，后改名玉堂，福建龙溪（今漳州）人。中英文著作有《剪拂集》《大荒集》《京华烟云》等。

塞琳离婚，完全出于政治的原因。”而从另一方面的观点，则克莱顿主教宣称：“这件事故完全出于兽欲。”若令以常情的态度来评判，则认为两种原因各居其半，这种见解其实是较为切近于真情。在西方，某种科学家常沉迷于遗传的理想，另一种则着魔于环境的意识，而每个人都固执地以其鸿博的学问与兴奋的戆性竭力证明自己所持之学理为正确。东方人则可以不费十分心力，下一个模棱两可的判断。是以中国式的判断，可以立一个万应的公式：即“A 是对的，B 亦未尝错”。

这样自慰自足的态度，有时可以挑怒一个讲逻辑的人，要问一问到底是怎样？讲情理的人常能保持平衡，而讲逻辑的人则丧失了平衡。倘有人谓中国绘画家可以像毕加索（Picasso）采取完全逻辑的观察，把一切绘画的对象简化到单纯的几何形体，圆锥、平面、角、线条来构图，而把逻辑的学理运入绘画，这样的理想在中国显然是不会实现的。吾们有一种先天的脾气，不信任一切辩论，若为太完全的；又不信任一切学理，若是太逻辑的。对付此等学理上的逻辑怪想，“常情”是最好最有效的消毒剂。罗素曾经很正确地指出：“在艺术上，中国人竭力求精细；在生活上，中国人竭力求合情理。”

崇拜此常情之结果，乃为思想上厌恶一切过度的学理，道德上厌恶一切过度的行为。此种态度之天然趋势，为产生“中庸之道”。它的意思实在相同于希腊的“不欲过分”的思想，中文意思适相同于 Moderation 的字为“中和”，它的意义是“不过分而和谐”；相同于 Restraint 的字为“节”字，意义是“克制至适宜之程度”。《尚书》为中国记载政治公文最早之史籍，内载当尧禅位之时，劝告其继承者舜说：“咨尔舜，天之历数在尔躬，允执厥中，四海困穷，天禄永终。”孟子赞美汤说：“汤执中，立贤无方。”《中庸》上说：“舜好问，而好察迩言，隐恶而扬善，执其两端而用其中于民……”他的意义是谓他必须听取相反的两端议论，而给双方同样打一个对折的折扣。中庸之道在中国人心中居极重要之位置，盖他们自名其国号曰“中国”，有以见之。中国两字所包含之意义，不止于地文上的印象，也显示出一种生活的轨范。中庸即为本质上合乎人情的“常轨”，古代学者遵奉中庸之道，自诩已发现一切哲学的最基本之真理，故曰：中者天下之正道，庸者天下之定理。

中庸之道覆被了一切，包藏了一切。它冲淡了所有学理的浓度，毁灭了所有宗教的意识。假定有一次一个儒教的老学究与一个佛教法师开一次辩论，这位大法师大概很能谈，他能够引出许多材料以证明世上物质的虚无与人生之徒然，这时候，老学究大概将简单地用他的实情而非逻辑的态度说："倘令人人脱离家庭而遁迹空门，则世界上的一切国家与人民，将变成怎样情形呢？"此非逻辑而极切人情的态度，其本身具有一种紧张的力。这个人生的标准不独反对佛教，亦反对一切宗教，一切学理。吾人势不复能致力于逻辑。实际，所有学理之得以成为学理，乃一种思想，发育自创始者的心理作用。弗洛伊德神经学学理之内容实即为弗洛伊德（Freud）之化身；而佛教学说之内容，乃佛陀之化身。所有一切学理，不问弗洛伊德或佛陀的学说，都好像基于过度夸张的幻觉。人类的苦难，结婚以后生活之烦恼，满身痛楚的叫化子，病人的呻吟，此等景象与感觉，在吾们普通人可谓随感随忘；可是对于佛陀，则给予其敏感的神经以有力之刺激，使他浮现涅槃的幻景。孔子学说适与此相反，乃为普通人的宗教，普通人固不普于敏感，否则整个世界将瓦解而分崩。

中庸的精神在生活与知识各方面随处都表现出来。逻辑上，人都不应该结婚，实际上，人人要结婚，所以孔子学说劝人结婚；逻辑上，一切人等都属平等，而实际则不然，故孔子学说教人以尊敬尊长；逻辑上男女并无分别，而实际上却地位不同，故孔子学说教人以男女有别。墨子教人以"兼爱"，杨朱教人以"为我"，孟子则两加排斥，却主张亲亲而仁民，仁民以爱物。孟子称：伯夷隘，柳下惠不恭，子思则劝人取中和之道。这三种不同之方式，诚为极动人之比较。

专把性欲问题来谈。性道德上有两种相反的意见：一种极端由佛教及加尔文（Calvin）主义来代表，这一派认为性是罪恶之极点，故禁欲主义为其天然之结论。另一极端为自然主义，这一派推崇传殖力，现代有许多摩登男女是秘密的信徒。这两派意见的矛盾，惹起现代摩登青年所谓精神的不安。像哈夫洛克·霭理士（Havelock Eills），他在性的问题上曾努力寻求纯洁而健全的见解以适应正常人类的情欲，他的见解显然转向希腊民族的意识方面，也就是人文主义的意见。至于孔子学说所给予"性"之地位，他认为这是完全正常的行为，不但如是，且为人种与家族永续的重大关键。其实对于"性"有最明晰之见解者，著者一生所遇，莫如《野叟曝言》。这是一本绝对孔教主义的小说。内容特着重于揭露和尚的放浪生活。书中主角，为一孔教的超人，他奔走说合那些光杆土匪和土匪姑娘的婚姻，劝他们好好替祖宗延续胤嗣。此书与《金瓶梅》不同，《金瓶梅》专事描写浪子淫妇，而《野叟曝言》中的男男女女是贞洁而合礼的人物，结成模范夫妻。这本小说之所以被视为淫书，其唯一原因为作者把书中男女，有意处之尴尬之环境。但是他的最大成果，确为婚姻与家族问题之可信的辩论，并发扬了母性精神。这一个对于“性”的见解为孔教学说关于情欲之唯一表彰者，子思在《中庸》中对于人类七情之意见，盖反复申述“中和”以为教焉。

中国人之讲情理的精神与其传统的厌恶极端逻辑式的态度，产生了同等不良的效果，那就是中华民族整个不相信任何法制纪律。因为法制纪律，即为一种机械，总是不近人情的，而中华民族厌恶一切不近人情的东西。中国人厌恶机械制度如此之甚，因之厌恶法律与政府的机械论的观法，致使宪法政府之实现为不可能。严厉峻刻之法制统治权，或非人情政治的法律，在吾国盖已屡屡失败，它的失败盖由于不受人民之欢迎。法制政治之概念，在第三世纪中，吾国曾有大思想家建议而付诸实施，商鞅即为实验法制政治之一人。他是一个出类拔萃的大政治家，相秦孝公，威震诸侯，奠定了秦国强大的基础，但其结果，把他的头颅偿付了政治效力的代价。秦本为僻处甘肃边陲的次等邦国，历史上怀疑其混合有野蛮的部落，赖商鞅之努力擘划，建立了勇武的军队，征服了全部中国。乃其统治权曾不能维持四十年，反抗者蜂起，秦社稷卒悲愁地倾覆。此无他，盖其以商鞅所施于秦国之同样政治方式，施之于中国人民全体之故耳。秦代之建筑万里长城，确有其不朽之功绩，然亦为不可恕之“不近人情”，致断送了秦始皇的帝统。

加以中国人文主义者不断宣传其教义，而中国人民在过去常统治于个人政权之下，故“法制纪律”中国人称为“经”者之不足，常能赖“便宜行事”中国人称为“权”者来弥补。所谓“权以经济之穷”。与其受治于法治的政治，中国宁愿赞成贤能的政府，贤能政府是比较近人情的，比较的有伸缩性。这是一个大胆的思想——天生有如此众多的贤人，足以遍布全境而统治一个国家！至谓德莫克拉西能从点算普通人民意见混杂的投票中获得真理，亦属同样大胆的论断。两种制度都有不可免的缺点，但以人为标准的制度总是对于中国人的人文主义，中国人的个人主义和爱好自由，是较合脾胃的。

这个癖性，缺乏纪律，成为吾国一切社会团体的特性，一切政治机关、大学校、俱乐部、铁路、轮船公司——一切的一切，除掉外国人统治的邮政局与海关——都有这样的特性。其结果则为引用私人，嬖宠弄权，随时随地如法炮制有不学而能者。只有一颗不近人情的心，铁面无私的性格，始能撇开私人的感情作用而维持严格之纪律，而这种铁面在中国殊不受大众欢迎，因为铁面都是不纯良的孔教徒。这样养成了缺乏社会纪律之习惯，为中华民族之最大致命伤。

是以中国之错误，毋宁说是太讲人情。因为讲人情其意义相同于替人类天性留余地。在英国对人说："做事要讲情理"，等于教人放任自然。你读过萧伯纳著的《卖花女》吗？剧本中那位卖花姑娘的爹爹杜律得尔要向歇琴斯教授敲一张五镑钞票的竹杠时，他的理由是："……这样合理吗？……这女儿是我的。你要了去，我的份儿呢？"杜律得尔更进一步地表征中国的人文主义的精神，他只索取五镑，而拒绝了歇琴斯教授所欲付给的十镑。因为金钱太多了会使他不快活，而真实的人文主义者所需要的金钱只消仅够快活，仅够喝一杯酒。换言之，杜律得尔是一位孔教徒，他知道怎样求快活，且也只需要快活。因为时常与情理相接触，中国人的心上，发育了一种互让的精神，盖为中庸之道的天然结果。倘有一位英国父亲打不定主意，是把他的儿子送进剑桥大学呢？还是送进牛津大学？他可以最后决定把他送进伯明翰（Birmingham）。这样，那儿子从伦敦出发而到达了白莱却莱，既不转而东向剑桥，又不转而西向牛津，却是笔直地北指而往伯明翰。他恰恰实行了中庸之道。这一条往伯明翰之路是有相当价值的，因为笔直的北去，既不东面得罪了剑桥，也不西面得罪了牛津。倘使你明白了这个中庸之道的使用法，你便能明白近三十年来全盘的中国政治，更能从而猜测一切中国政治宣言的内幕而不致吃那文字火焰之威吓了。

赏读

中庸之道是儒家文化思想的核心。《论语·庸也》中说："中庸之为德也，其至矣乎！"最早系统地阐述中庸思想的就是《中庸》。《中庸》原是《礼记》第31篇，相传为子思所作。朱熹在《中庸章句序》中说："《中庸》何为而作也？子思子忧道学之失其传而作也。"在北宋时期，经过程颢、程颐和朱熹的推崇，《中庸》确立了作为儒家文化经典的地位，并与《大学》《论语》和《孟子》一起被称为"四书"，是对中国传统文化影响最为深远的经典著作之一。

《中庸》开篇明言“天命之谓性，率性之谓道，修道之谓教”，言简意赅地揭示了中庸之道这一主题思想的核心是自我教育。“天命之谓性”是说人性本善，“率性之谓道”就是说真正的教育需要遵循人善良的天性。要遵循人的天性，就需要“允执厥中”“致中和”，只有君子才能做到不偏不倚，行中庸之道，而小人则反中庸。从人格修养的角度来说，中庸是区分君子和小人的一道门槛。朱熹说：小人之所以反中庸者，以其有小人之心，而又无所忌惮也。换句话说，就是小人无所畏惧，肆意妄行。君子则不同，有所畏惧，“戒谨不睹，恐惧不闻”。

林语堂对中庸之道的态度，可分为前后两个阶段。五四新文化运动时期的林语堂，把“中庸”看成是造成“老大帝国国民癖气”的重要原因，对由“中庸”所造成的中国国民的软弱、惰性、不思进取进行了深刻的讽刺，并提出了实行“精神之欧化”的六条方针，即“非中庸、非乐天知命、不让主义、不悲观、不怕洋习气、必谈政治”。到了20世纪30年代，林语堂对待中庸的态度发生了很大变化，由反中庸转而倡导中庸。1932年春，林语堂在牛津大学和平演讲会做了《中国文化之精神》的演讲，开始将中庸作为实现理想人生的方式和求得人性和谐的有效手段。1937年，林语堂出版了《生活的艺术》，将“中庸生活”作为一种“生活的最高典型”大加称赞，并认为中庸之道“就是指一种介于两个极端之间的那一种有条不紊的生活——酌乎其中学说，这种中庸精神，在动作和静止之间找到了一种完全的均衡。”

《中庸之道》选自林语堂的《吾国吾民》。林语堂在文中运用了许多对比论证，比较了讲情理的行为和学理讲逻辑的行为，接着讨论了中国人的“中庸之道”给中国人带来的影响，认为中华民族不相信任何法制纪律是因为它不近乎人情，而它带来的所有好处都会被“不近人情”一票否决。中国人崇尚人治厌恶法制纪律，导致中国人养成了漠视纪律的习惯，而这正是中华民族最大的致命伤。在文章的最后，作者指出“中国之错误，毋宁说是太讲人情”。然而，正如林语堂在为《吾国吾民》撰写的自序中说：“我心目中的祖国，内省而不疚，无愧于人。我堪能暴呈她的一切困恼纷扰，因为我未尝放弃我的希望。中国乃伟大过于她的微渺的国家，无须他们的粉饰。”近代以来，中国很长一段时间都处于风雨飘摇、困恼纷扰之中，林语堂自言对祖国“未尝放弃我的希望”，这希望便来自于林语堂对中国之“伟大”的自信。同时，也正是对中国之“伟大”的自信，使他不肯粉饰太平，而是以诙谐幽默的笔调，既点出中庸之道的妙处，同时也昭示了中庸之道的种种弊端。

20 世纪有良知的中国知识分子，都在努力探求富国强民的路径。在中国传统文化和西方现代文化之间，在德治与法治之间，在贤能政府（好人政府）与民主政府之间，知识分子们不断地进行着比较、批判和选择，用邓小平的话说就是“摸着石头过河”，因此他们都曾痛苦过、苦闷过、彷徨过。时至今日，回首中华人民共和国走过的半个多世纪的历程，我们发现新中国既没有走完全西方化的道路，也没有回头走传统的老路，而是走了一条有中国特色的崭新的道路。这很有点儿像林语堂在《中庸之道》里讲的英国父亲，既没有送孩子去剑桥，也没有去牛津，而是去了伯明翰。“允执厥中”“致中和”，并不是无原则地调和妥协，而是要求清醒的“知”与切实的“行”，最终走出一条属于自己的伟大的民族复兴之路！

作品

凤凰涅槃（节选）[①]

郭沫若

天方国古有神鸟名“菲尼克司”（phoenix），满五百岁后，集香木自焚，复从死灰中更生，鲜美异常，不再死。

按此鸟殆即中国所谓凤凰：雄为凤，雌为凰。《孔演图》云：“凤凰火精，生丹穴。”《广雅》云：“凤凰……雄鸣曰即即，雌鸣曰足足。”

凤　歌

即即！即即！即即！
即即！即即！即即！
茫茫的宇宙，冷酷如铁！
茫茫的宇宙，黑暗如漆！
茫茫的宇宙，腥秽如血！

① 选自《郭沫若全集》第一卷（北京人民文学出版社 1982 年版）。郭沫若（1892—1978），中国作家、诗人、历史学家、考古学家、古文字学家、社会活动家。原名郭开贞，笔名郭鼎堂等，四川乐山人。著有《女神》《屈原》等。

宇宙呀，宇宙，
你为什么存在?
你自从哪儿来?
你坐在哪儿在?
你是个有限大的空球?
你是个无限大的整块?
你若是有限大的空球，
那拥抱着你的空间
他从哪儿来?
你的外边还有些什么存在?
你若是无限大的整块，
这被你拥抱着的空间
他从哪儿来?
你的当中为什么又有生命存在?
你到底还是个有生命的交流?
你到底还是个无生命的机械?

昂头我问天，
天徒矜高，莫有点儿知识。
低头我问地，
地已经死了，莫有点儿呼吸。
伸头我问海，
海正扬声而呜唈。

啊啊!
生在这样个阴秽的世界当中，
便是把金钢石的宝刀也会生锈!
宇宙呀，宇宙，
我要努力地把你诅咒:
你脓血污秽着的屠场呀!
你悲哀充塞着的囚牢呀!

你群鬼叫号着的坟墓呀!
你群魔跳梁着的地狱呀!
你到底为什么存在?

我们飞向西方,
西方同是一座屠场。
我们飞向东方,
东方同是一座囚牢。
我们飞向南方,
南方同是一座坟墓。
我们飞向北方,
北方同是一座地狱。
我们生在这样个世界当中,
只好学着海洋哀哭。

凰歌

足足!足足!足足!
足足!足足!足足!
五百年来的眼泪倾泻如瀑。
五百年来的眼泪淋漓如烛。
流不尽的眼泪,
洗不净的污浊,
浇不熄的情炎,
荡不去的羞辱,
我们这缥缈的浮生,
到底要向哪儿安宿?

啊啊!
我们这缥缈的浮生
好象那大海里的孤舟。

左也是漶漫，
右也是漶漫，
前不见灯台，
后不见海岸，
帆已破，
樯已断，
楫已飘流，
柁已腐烂，
倦了的舟子只是在舟中呻唤，
怒了的海涛还是在海中泛滥。

啊啊！
我们这缥缈的浮生
好象这黑夜里的酣梦。
前也是睡眠，
后也是睡眠，
来得如飘风，
去得如轻烟，
来如风，
去如烟，
眠在后，
睡在前，
我们只是这睡眠当中的
一刹那的风烟。

啊啊！
有什么意思？
有什么意思？
痴！痴！痴！
只剩些悲哀，烦恼，寂寥，衰败，
环绕着我们活动着的死尸，

贯串着我们活动着的死尸。

啊啊!
我们年青时候的新鲜哪儿去了?
我们青年时候的甘美哪儿去了?
我们青年时候的光华哪儿去了?
我们年青时候的欢爱哪儿去了?
去了!去了!去了!
一切都已去了,
一切都要去了。
我们也要去了,
你们也要去了,
悲哀呀!烦恼呀!寂寥呀!衰败呀!

凤凰同歌

啊啊!
火光熊熊了。
香气蓬蓬了。
时期已到了。
死期已到了。
身外的一切!
身内的一切!
一切的一切!
请了!请了!

群鸟歌

岩　鹰

哈哈,凤凰!凤凰!
你们枉为这禽中灵长!

你们死了吗？你们死了吗？
从今后该我为空界的霸王！

孔雀

哈哈，凤凰！凤凰！
你们枉为这禽中的灵长！
你们死了吗？你们死了吗？
从今后请看我花翎上的威光！

鸱枭

哈哈，凤凰！凤凰！
你们枉为这禽中的灵长！
你们死了吗？你们死了吗？
哦！是哪儿来的鼠肉的馨香？

家鸽

哈哈，凤凰！凤凰！
你们枉为这禽中的灵长！
你们死了吗？你们死了吗？
从今后请看我们驯良百姓的安康！

鹦鹉

哈哈，凤凰！凤凰！
你们枉为这禽中的灵长！
你们死了吗？你们死了吗？
从今后请听我们雄辩家的主张！

白鹤

哈哈，凤凰！凤凰！
你们枉为这禽中的灵长！
你们死了吗？你们死了吗？

从今后请看我们高蹈派的徜徉！

凤凰更生歌

鸡鸣

昕潮涨了，
昕潮涨了，
死了的光明更生了。

春潮涨了，
春潮涨了，
死了的宇宙更生了。

生潮涨了，
生潮涨了，
死了的凤凰更生了。

凤凰和鸣

我们更生了。
我们更生了。
一切的一，更生了。
一的一切，更生了。
我们便是他，他们便是我。
我中也有你，你中也有我。
我便是你，
你便是我。
火便是凰。
凤便是火。
翱翔！翱翔！
欢唱！欢唱！

我们新鲜，我们净朗，

我们华美，我们芬芳，
一切的一，芬芳。
一的一切，芬芳。
芬芳便是你，芬芳便是我。
芬芳便是他，芬芳便是火。
火便是你。
火便是我。
火便是他。
火便是火。
翱翔！翱翔！
欢唱！欢唱！

我们热诚，我们挚爱。
我们欢乐，我们和谐。
一切的一，和谐。
一的一切，和谐。
和谐便是你，和谐便是我。
和谐便是他，和谐便是火。
火便是你。
火便是我。
火便是他。
火便是火。
翱翔！翱翔！
欢唱！欢唱！

我们生动，我们自由，
我们雄浑，我们悠久。
一切的一，悠久。
一的一切，悠久。
悠久便是你，悠久便是我。
悠久便是他，悠久便是火。

火便是你。
火便是我。
火便是他。
火便是火。
翱翔！翱翔！
欢唱！欢唱！

我们欢唱，我们翱翔。
我们翱翔，我们欢唱。
一切的一，常在欢唱。
一的一切，常在欢唱。
是你在欢唱？是我在欢唱？
是他在欢唱？是火在欢唱？
欢唱在欢唱！
欢唱在欢唱！
只有欢唱！
只有欢唱！
欢唱！
　欢唱！
　　欢唱！

1920 年 1 月 20 日初稿
1928 年 1 月 3 日改削

赏读

对于郭沫若的新诗创作，向来有不同的看法。

废名认为，“一首凤歌，可算是新诗的《天问》，自从楚国的骚豪屈原以来很少有诗人这样问过”，但是郭沫若的诗歌创作是“自由滋长”式的，“结果是上下古今乱写，没有一毫阻碍。这时候的阻碍又在于文字语言不听命令，即是说感情有时写不出说不出。”“乱写”是新诗自由和解放的表现，但是也意味着粗糙，缺少艺术上的琢磨与锤炼。

闻一多和朱自清都很推崇郭沫若的新诗创作，认为“若讲新诗，郭沫若君的诗才配称新”，“最要紧的是他的精神完全是时代的精神——20 世纪底时代的精神”。郭沫若的白话诗创作是中国新诗史上重要的里程碑，是以白话创作新诗的第一座高峰。

当代诗人伊沙谈到自己对郭沫若新诗创作的接受时曾说，小时候受父亲影响很不喜欢郭沫若的诗歌，觉得没有诗意诗味，后来自己也成了创作新诗的人，慢慢地也就理解了郭沫若新诗创作的独特贡献，转而认为郭沫若诗才是真正的开放的现代新诗。自郭沫若新诗问世以来，相关的阅读与评价就一直存在两极化的现象。“乱写”还是真正的“新诗”，这种两极化的阅读与评价，在某种程度上也正是新诗开拓性的必然表现。

《凤凰涅槃》全诗共分六个乐章：序曲、凤歌、凰歌、凤凰同歌、群鸟歌、凤凰更生歌。本文选取了其中的五个乐章。

《山海经》记载：“有鸟焉，其状如鸡，五采而文，名曰凤皇。”《小学绀珠》卷十：“凤象者五，五色而赤者凤；黄者鹓雏；青者鸾；紫者鸑鷟，白者鸿鹄。”在文化演变过程中，凤凰成了百鸟之王，被视为高贵吉祥的象征。凤凰本分雌雄，汉代司马相如追求卓文君时，弹奏的曲子是《凤求凰》，就是男生追求女生的意思。但是在秦汉以后，随着龙逐渐成为帝王的象征，帝后妃嫔们以凤相称，凤凰的形象逐渐雌雄融合，整体被“雌”化。

郭沫若融合了东西方文化传统中关于凤凰的神话与传说，在《凤凰涅槃》中创造了全新的凤凰意象。集香木自焚，在死灰中更生，这是外国文化中的凤凰特质，这个特质随着郭沫若《凤凰涅槃》一诗的阅读与传播而广被国人接受，重塑了中国人对于凤凰的想象。

“凤歌”表现了凤对宇宙空间存在的认识与控诉。凤一遍遍地叙说着天与地的昏暗、宇宙的压迫、战争的野蛮，指出东南西北到处都是“屠场”“囚牢”“坟墓”“地狱”。“凰歌”紧随其后，表现的是凰对生命的认识与追问。凰反复哀叹的是青春的流逝、生命的枯萎。“凤歌”从空间的角度否定了现存世界的合理性，“凰歌”从时间的角度否定了现存世界的合理性，“凤歌”与“凰歌”两个部分合在一起，代表着凤凰对这个世界的整体认知，实际上也就构成了他们对现有一切的否定。世间一切都已朽腐，一切都已崩坏，这样的世界和生命都不是凤凰想要的，这就是他们的“知”；基于这样的“知”，凤凰决定集香木自焚，以求涅槃与更生，这就是知行合一。

凤凰没有只是停留在对旧世界的控诉中，没有只是沉溺于对逝去的青春与生命的哀诉，而是在“知”了之后，便毫不犹豫地集香木自焚。在凤凰的身上，有认识和揭破黑暗现实的勇气，更有知后便起而行之的实践精神。

“群鸟歌”中，各处聚拢来观看凤凰自焚的鸟儿们，七嘴八舌地指点嘲讽且渴盼凤凰自焚，以便从中获利，显露了庸俗丑陋的嘴脸。凤凰不受周围俗鸟们各种议论的影响，毅然决然投身火焰。因为凤凰知道，他们涅槃的时间到了。凤凰相信自己知道自己的时间，相信浴火自焚不是无用功，相信新的世界将从火焰中诞生，郭沫若在诗中塑造了自信自强的凤凰形象。“凤凰更生歌”中，凤凰伴着鸡鸣，从死灰中更生。凤凰更生是全诗的高潮，重生后的凤凰不停地欢唱。《凤凰涅槃》最初在《时事新报·学灯》上发表时，凤凰对于“新鲜”“光明”“净朗”“悠久”等的反复赞颂长达十四个诗节，后来才被诗人删减为现在的四个诗节。

奇瑰的想象、自由不羁的诗歌形式、反复与排比的使用，使《凤凰涅槃》呈现出浓郁的浪漫主义精神。凤凰“涅槃”的时间是“除夕将近”，以乐景衬哀情，寓意光明将至；涅槃的地点是在萧条孤寂的丹穴山，寓意中国内忧外患，情况不容乐观；观葬的凡鸟无一不盼望凤凰被烧死，寓意看衰中国的各方势力；“凤歌”与“凰歌”的控诉追问则象征着中国步履维艰、阻力重重的形势。集香木自焚，最终在死灰中更生，浴火重生的凤凰，既是诗人个体的象征，寄寓着对自我弃旧迎新的渴望，同时也是国家和民族的象征，期盼着落后朽腐的旧中国能够像凤凰一样重获新生。

切磋琢磨

1. 在中国现代革命的历史进程中，曾经出现过许多挫折，很多时候都与教条主义的错误有关。行而不知，知而不行，或由其他各种原因造成了知行分离，使中国的革命和建设事业走了许多弯路。毛泽东创造性地提出了马克思主义中国化的思想，从此掀开了中国现代革命新的一页；邓小平开创性地提出了建设有中国特色的社会主义的思想，从此谱写了中国改革开放的新篇章。进入21世纪后，习近平总书记提出“中国梦”和“两个一百年”的建设目标，要争取这些建设目标的早日实现，就必须理论联系实践，实现知行合一。

请同学们查阅中国共产党及中国革命的相关历史文献资料，简单分析中国共产党领导中国人民革命过程中的知行关系，并试着讨论和理解《实践论》在马克思主义中国化过程中所具有的重要意义。

2. 对于知行合一的知，有人认为就是学校学习，只要上课认真听讲，努力学习书本知识，书生不出门亦可知天下事。有人则主张“世事洞明皆学问，人情练达即文章”，“纸上得来终觉浅，绝知此事要躬行”，懂得生活这本大书才是真正的知。书本学习的是间接知识，从生活实践中得到的是直接知识。读万卷书，行万里路，说的就是既要学习间接知识，又要掌握直接知识。然而，无论是直接知识还是间接知识，知识的海洋都没有尽头，而人的生命和精力都有限，无论是阅读求知，还是生活求知，都不可能穷其所有。在知识大爆炸的时代，普通人穷其一生能够精通一两个专业领域内的知识就已经很不错了。博学才能慎思、明辨，多知才能提升自己的人生境界，如何才能更好地求知？请同学们试就求知的方式和途径，找一些古今中外的具体事例，简单说明古代人求知和现代人求知方面的异同，并思考身处当今时代，作为一名中学生，应该如何求知才能真正学有所成？

3. 中国历史上从来不缺少能坐言起行的实干家，正是因为他们的存在，中华文明在五胡乱华、西方列强入侵等各种历史的危急关头依然能够薪火相传，传承几千年而延绵不绝。请在中国古代历史上找一位著名的人物，对这个人物自身的知与行进行一番评价，并简单谈谈自己对“格物致知”与“治国平天下”两者间关系的认知。

4. 在改革开放初期以及最近十年，学习无用论都甚嚣尘上，一度出现造原子弹的不如卖茶叶蛋的的言论。一方面，国内越来越多的大学毕业生找不到工作，毕业即失业；另一方面，许多工厂却不太愿意招收大学生，宁愿到职业院校招聘员工。知识贬值，求知无用，许多人宁愿退学打工，认为哈佛教不出比尔·盖茨，而实践却能造就比尔·盖茨。作为在校学生，应该如何看待学校教育，如何看待学习中知与行的关系？建议同学们相互之间各自寻找志同道合者成立辩论小组，就这一话题进行一场小型的论辩。